U0136093

臺灣鄉土與宗教研究叢刊

臺灣的金銀紙錢
——以臺南市為考察中心

施晶琳 著

（本論文之寫作曾獲國立傳統藝術中心獎助）

蘭臺出版社

臺灣鄉土與宗教研究叢書總序

李世偉（花蓮教育大學鄉土文化系副教授）

　　人類對於鄉土的感情是原生性的，毋庸刻意學習與培養，自然而成。鄉土既是生命情懷之託，也是知識啟蒙之端，因此古云「君自故鄉來，應知故鄉事」，那是一種每個人最熟悉的生命經歷，而所謂「以鄉之物教萬民」則當是傳統社會的自然及社會教育了。

　　解嚴以來，隨著政治改革的民主化與本土化的潮流，臺灣鄉土教育與文化日益受到重視，最初由部分知識分子與地方政府草根式的推動，由下而上地顛覆中央政府過去以中國大陸為中心的教育政策，鄉土教育成為體制內所認可的重點。影響所及，教育部也制定了系列的鄉土歷史文化教學活動，在國中小次第開展；此外，各種的鄉土文化藝術活動受到極大的重視與鼓勵，地方文史工作室紛然而立，一時之間，臺灣各地充滿著濃厚的「鄉土熱」。

　　然而，鄉土熱的風潮未必能帶來相對的研究成果與水平，這除了鄉土研究的時間尚短，相關的問題意識、文獻積累、研究方法、研究視野等尚未充分且深入的開展外，意識型態的干擾、媚俗跟風者眾，也是關鍵因素。這使得表面上鄉土文化的論著充斥書肆，研究資源也易於取得，但研究水平難有實質上的提昇。這樣的反差是頗令人感慨的，因此有了出版這套「臺灣鄉土與宗教研究叢書」之構想。鄉土文化研究以民間宗教信仰作為切入點，自然是著眼於臺灣漢人移民社會的特質而發，從移民之初至今，民間宗教信仰作為族群認同、社區凝聚、經濟生產、常民生活、精神文化等作用，已是我們所熟知的課題，因此作為叢書論述的

主軸。

　　這套「臺灣鄉土與宗教研究叢書」首先推出七本佳著，分別是周政賢《臺灣民間地基主的信仰》、陳桂蘭《臺灣民宅的辟邪物》、施晶琳《臺灣的金銀紙錢》、楊士賢《臺灣的喪葬法事》、陳瑤蒨《臺灣的地獄司法神》、邱秀英《花蓮地區客家信仰的轉變》、許宇承《臺灣民間信仰的五營兵將》。這些論著均為作者的學位論文改寫而成，雖然他們都是學界新秀，識者不多，舞文弄墨的身段也未必老練。但熟悉學界之生態者多知，許多人一旦擠身教授之流後，或因於教學、行政之壓力，或疏於己身之怠惰，或安於升等後之既得位階，要再期待有佳作問世，便如大旱之望雲霓也。相對的，若是研究生能潛心專志、奮力相搏，反而能有驚豔之作。毋庸誇誇之言，這七部書都是內容紮實的精彩作品，文獻資料詳實可徵，作者們也都作了大量的田野調查，為我們提供第一手的觀察與論證，圖像資料亦相當可貴，具有極高之參考價值。當然，更重要的是，作者所探討的主題均為漢人民間社會中極重要，卻較少被有系統性的處理者，因此益顯彌足可貴，有心之讀者可以細加體會。

　　臺灣蘊藏的鄉土文化極為豐富，這次首推的叢書，其主題雖多與宗教信仰相關，但我們希望能夠再發崛其它的主題論著，也期許有更多的人投入其中。這套叢書能順利出版，感謝蘭臺出版社的盧瑞琴小姐與郝冠儒先生的支持，要在利潤微薄的出版市場上作這樣投入，是需要一點冒險與勇氣的。另外老友王見川從旁的一些協助與意見，亦一併致謝。是為序。

自　序

　　金銀紙錢是漢人社會特有的宗教產物，儘管在臺灣不同時代、不同政權下，或多或少都遭受到政府的禁止或是限制，但是每當重要的宗教節日或儀式祭典時，紙錢依然為活動中無法取代的角色，因此對於金銀紙錢的瞭解及內在文化研究自然有其重要性。而臺灣金銀紙錢研究目前所遇到較大的問題，首先乃在於分類上之分歧混亂，金銀紙錢本身伴隨著不同地區的宗教儀式及使用習俗，而衍生出不同的用法以及名稱，從歷史文獻以及實際田野調查的比對，便可發現各地紙錢的總類不盡相同。儘管目前已有部分學者做出大致上的分類，但也僅適用於多數地區的用法，區域性的種類、觀念和用法還存在差異，故以區域金銀紙錢的調查研究結果，推論全臺灣地區的金銀紙錢似欠妥當。

　　再者，金銀紙錢既是漢人文化產品的一部份，文化會隨著時代而改變，文化產品亦是。過去的研究者已點出金銀紙錢隨著時代演進產生差異，而筆者在田野調查中發現臺灣金銀紙錢的改變，約在 1990 年左右出現一個重大的變化，即為本書第五章所提到的「新形式的金銀紙錢」，這類新式金銀紙錢出現的產生背景以及所代表的文化意義，是過往學者幾乎未曾觸及的部分，為使金銀紙錢研究更為完整，筆者特別針對這部分進行深入調查。

　　本書分為五章，首先第一章緒論部分，主要說明研究金銀紙錢的意義以及過去學者研究金銀紙錢的相關文獻，並說明研究調查的進行步驟。第二章內容則交代金銀紙錢的源流與發展，從歷史文獻資料當中說明金銀紙錢產生的背景以及金銀紙錢的起

源，同時說明臺灣金銀紙錢的產業發展狀況，最後並說明金銀紙錢在宗教信仰中的角色地位。第三章則以本書的研究區域之金銀紙錢種類與現況作為說明，首先依據調查結果說明臺南市金銀紙店的紙錢種類與商店現況，另外調查臺南市不同廟宇宮壇所使用的金銀紙錢種類，最後分析臺南市所使用的金銀紙錢種類用途與文化意義。第四章則以藝術角度，研究臺南市金銀紙錢的形式與圖刻紋樣。首先說明金銀紙錢的製造過程，進而分析不同金銀紙錢的材質、形式以及所代表的意義，分析紙錢上的圖刻紋樣與寓意。第五章則以金銀紙錢的變遷為重點，依據訪談以及樣本收集，說明新形式紙錢的出現以及種類，分析新形式金銀紙錢的特徵與變化，探究此種紙錢出現所代表的文化意義（被創造的傳統），並且從紙錢總類的變化進一步討論與民眾觀念變遷的關連。最後在第六章以「消費符號論」做研究結果的總結。

本書能完成由衷感謝指導教授戴文鋒老師、黃世祝教授、王見川教授、高燦榮教授、李豐楙教授、李世偉教授以及賴志彰教授、林連聰等教授，並謝謝所有曾經啟發過筆者的學術先進以及師長們。感謝田野調查時給予協助的林俊輝道長及其家人、林桂桐法師、黃文賢先生、黃烈堂先生、顏明傑先生、郭清芳先生、王長春先生、楊正瑞先生、吳瑞齡小姐、洪瑩發先生、李宗信先生，以及國立傳統藝術中心所提供的研究獎助、家人們無怨無悔的付出。最後感謝臺灣文化研究所的學長姐、同窗好友們，以及幫助過筆者的各位朋友。

施晶琳 謹誌
2006 年 8 月

目　次

表目錄

第一章

緒論

關於金銀紙錢

臺灣金銀紙錢的使用習俗自漢人從中國移民來臺流傳至今，其中曾經在日治時期，因為日人皇民化運動的禁止，使臺灣的金銀紙業蕭條沉寂一段時間。然而，在戰後，臺灣的金銀紙業不但馬上迅速恢復發展，甚至在臺灣的經濟起飛之後，燒金銀紙錢的習俗沒有因時間的演進而消逝，反而有更加蓬勃的趨勢。同時，也因為社會的變化，對於金銀紙錢的種類以及使用觀念也產生改變，民國 80 年左右，新型的「壽生錢」、「往生錢」等紙錢的產生，使金銀紙錢的造型也因而產生了變化，原先單張整疊綑綁販賣、綑綁使用的金銀紙錢，開始出現將紙錢折成蓮花座、船、元寶的造型變化，而在民國 85 年左右更陸續出現了以專門神明為對象的金銀紙錢如「文昌金」、「五路財神金」、「土地公金」……，這些轉變為對特定神明使用的金銀紙錢，其產生的背景以及文化意義都值得探討以及了解，然而相關的研究卻一直非常缺乏。

關於金銀紙錢的研究，除了李亦園《信仰與文化》一書中所提及，金銀紙錢的使用方法乃是相對應於不同神靈體系之外，我們從其他資料發現到在漢人的文化認知中，出生、生病、死亡乃至於祈求財運、避免厄運的各種生命禮儀以及歲時祭儀神誕廟會中，金銀紙錢都在這些儀式中佔有其特殊而重要的位置。在人類文明之中，源於自然崇拜、祖先崇拜等所衍生而出的祭祀行為中，人們對於不同祭祀對象時，往往也會基於他們的文化價值體系來選擇能相配合的祭祀品，而且儘管是相同的族群也可能因為地域的不同而在相同文化之中產生些微差異。如同在臺灣的南部

和北部同樣燃燒金紙，但是兩地的民眾對於每次燃燒金銀紙的數量多寡、金銀紙的型式……等，往往也產生有不同的認知。

　　臺灣民間信仰祭祀活動發展蓬勃，祭祀時所使用之祭祀物品種類亦非常繁多，而且各有其約定成俗的規則。金銀紙的使用更是臺灣漢人祭祀文化中非常獨特的一部分，臺灣原住民文化中，不論在高山族或是平埔族的文化，原先皆沒有在祭典時燃燒或使用金銀紙的風俗，而根據相關的資料也都顯示出臺灣使用金銀紙的風俗是隨著漢人來到後才開始的。一直到現在，在婚喪節慶、酬神謝土…等不同祭典活動中，我們都還是可以看到金銀紙的廣泛使用。至今在臺灣社會中，我們仍可以在大小寺廟內、金銀紙錢店中見到形形色色種類不同的金銀紙錢。因此，透過金銀紙錢的歷史背景了解、種類的分析歸納，將可以對臺灣社會使用金銀紙錢的習俗以及金銀紙錢的變遷有更深層的了解。

　　此外，由於工業的發展、社會變遷以及信仰觀念的改變，民眾對於金銀紙錢的使用以及認知也漸漸產生了變化，根據針對金銀紙業者的口述歷史訪談資料中也顯示出，金銀紙錢的種類，從早期較少的型式，也漸漸隨著時代的演進，而趨向型式多樣化，產生不同的尺規及不同的符號圖像，甚至有許多創新的金銀紙錢是早期金銀紙錢業者所未見過的，隨著金紙製作方法的改變，紙錢的製造由手工業轉為機械製造到現在改由國外進口，這些改變，對於臺灣的金銀紙文化也勢必產生了影響。所以筆者希望藉由臺南市金銀紙錢的資料收集以及田調工作，進而析論金銀紙錢在傳統文化中的角色，並且藉此了解金銀紙錢的藝術價值、釐清金銀紙錢工藝設計以及使用習慣上的時代改變。

金銀紙錢的時代意義

　　由於上述的原因，因此本文首先希望了解臺南市金銀紙錢使用習慣及其背後的文化意涵。接下來，則進行文獻記載與口述資料整理，比較不同時代使用金銀紙錢的情況，藉以比較各時代使用金銀紙錢的圖案、紋飾……等工藝設計特色以及產生的文化差異現象。之後，從研究所收集到的資料，分析目前臺南市所使用的金銀錢之種類以及金銀紙業之現況，希望探究臺南市金銀紙錢的製造過程、分析材質、造型以及不同圖案紋飾之寓意。並進一步分析使用金銀紙錢觀念變遷因素，最後探討新式金銀紙錢之產生背景以及影響，並分析新式金銀紙錢的藝術設計涵意。

　　本文希望試圖找出下列問題的解釋：1.呈現目前臺南市之金銀紙錢之種類與並分析其工藝性質。2.了解金銀紙錢的發展與社會體系的關係。3.分析金銀紙錢的本身之時代變遷（大小尺寸、材質、圖符）。希望本文能夠將臺南市的金銀紙錢資料整理建檔，並為金銀紙的民俗意涵與圖符藝術完成基礎性的學術研究，以提供為後續研究者之基本資料。同時也希望釐清金銀紙錢之社會意義，在將來對於金銀紙錢之文化、藝術、產業等相關研究時可以作為參考。

有關金銀紙錢的論著

　　儘管金銀紙錢在臺灣的生活習俗中佔有不可忽視的地位，然而目前對於金銀紙錢的研究除了在日治時期做過較為詳細的調查記錄外，爾後雖然時常被提及，卻往往只是在相關介紹臺灣宗教信仰習俗、傳統版畫的相關書籍文章中提及，卻一直缺乏較完

整的全面性研究。

先從目前提及金銀紙錢的相關專書來看大致上有下列幾本：

1. 臺灣慣習研究會，《臺灣慣習記事》，1901-1907 年。（1984
   年，省文獻會翻譯）

由西川義佑、白陳發、侯德鍾三人分別在第六卷中，以〈金
銀紙總類及製造法〉為題撰文，內容提及當時平均每人每月燒金
銀紙之金額數、金銀紙錢尺寸、箔大小，金銀紙錢的用途、原料、
製造方法、用法、售價，也提及金銀紙錢的來源傳說。並在附錄
的部分提及艋舺地區的金銀紙商店分布、製造。

另外，在第一卷〈爆竹與金銀紙〉乃提及臺灣由中國進口金
銀紙所用之箔紙的金額數量、〈紙帛（燒紙之習俗）〉中提及金
銀紙錢之種類以及計價單位。這些資料都可以讓我們對日治時期
臺灣金銀紙錢能夠有一定的了解。

2. 臺灣總督府，《臺灣宗教調查報告書》，臺北：小塚商店，1919
   年。（1993 臺北：捷幼出版社重刷）

在本叢書第一卷第十三章之部分附記部份，提到當時臺灣一
年燒金銀紙錢的金額、介紹了 28 種金銀紙錢的種類、金銀紙錢
的原料製造方法、臺灣南北部對於金銀紙錢稱呼的差異，並記錄
了金銀紙錢的紙張尺寸、錫箔大小、使用方法，也記錄了金銀紙
錢的起源傳說，並提出燒金銀紙錢的習俗有過於浪費之論點。

3. 金關丈夫主編，《民俗臺灣》，東京都：東都書籍株式會社臺
   北支店，1941-1945。（1988 年臺北南天書局重刷）。

在本叢書中，國分直一所著之〈臺灣的宗教版畫〉一文，關
於金銀紙錢的部分為六類（金紙、銀紙、紙錢、準紙錢、送神明
燒卻用的紙錢、送神迎神以外燒送上天用），然而其中介紹之內
容較為簡略，且並未再深入描述。

4.李亦園，《信仰與文化》，臺北：巨流圖書公司，1979。

　　此書是第一本針對金銀紙錢提出學術觀點的著作，解釋了金銀紙錢與漢人觀念中神靈階層的相互對應關係，將不同金銀紙錢與不同位階神明的對應關係作陳述，同時並分析宗教儀式乃是象徵性的行為，漢人藉由不同的象徵觀念、物品、場所來表達對於不同種類神靈的親疏尊敬的態度與熱情。

5.張懿仁，《金銀紙藝術》，苗栗：苗栗縣文化局，1996

　　此書主要是作者在苗栗中港地區收集調查當地金銀紙錢的成果，書中收集有 152 種金銀紙錢，並且附有圖片，同時對於每一種金銀紙錢皆作說明介紹。此外在第五章的部分並收集、分析其收集到的金銀紙版畫。此書可說是目前臺灣關於金銀紙研究中，金銀紙錢種類資料最為詳盡的一本書。

　　但因此書的調查的範圍主要在苗栗中港一帶，並不完全適用於臺灣南部金銀紙錢的使用現況。另外，關於書中的所提到的金銀紙錢雖列有介紹內容，但是卻忽略了將金銀紙錢的使用年代、大小尺寸、產生背景作說明，容易使一般人對書中所提到的金銀紙錢的使用情形、背景產生誤解。再者，關於此書第一章金銀紙錢的產生歷史背景之內容，乃大多是轉述自徐福全《臺灣民間祭祀禮儀》及侯錦郎〈從考古歷史及文學看祭祀用紙錢的源流與遞變〉[1]一文中金銀紙錢的內容。

6.楊永智《臺灣傳統版印圖錄》，臺中：中市文化，1996。

　　此書為文英館籌設「臺灣傳統版印特藏室」時，整理館藏刻版整理之書。書中第七章部分乃整理館藏之金銀紙、金銀紙錢的

---

[1]　侯錦郎著、許麗玲摘譯〈從考古、歷史及文學看祭祀用紙錢的源流遞變〉《民俗曲藝》，第 72 期，1991，頁 14~46。

刻版以及紙邊印記刻版，並對於這些金銀紙錢、刻版的大小尺寸
都做了記錄。但是書中所提到到金銀紙錢種類稍過簡略，且本書
的重點在於版印部分，所以對於金銀紙錢的其他相關部分也未多
作討論。

7.涂順從《南瀛產業誌》，臺南縣新營市：南縣文化，1997。

　　本書介紹了臺南縣二十種傳統產業，其中金銀紙錢的部分，
文章內容訪談金銀紙錢的製造過程，並且提及金銀紙錢的來源傳
說以及目前金銀紙錢「錫箔」部分的改變（「錫箔」與「塑膠箔」）。
但是由於本文偏向以地方采風的筆調書寫，同時也可能限於篇幅
的原因，在傳說考證、以及金銀紙錢的研究上也並未再深究。

8.李秀娥《祀天祭地》，臺北：博揚文化事業有限公司，1999。

　　此書將漢人生命禮俗中的各階段、歲時祭儀都做了一番介
紹，書中介紹在「用品篇」的部份介紹臺灣的金紙錢，書中將金
銀紙錢分為金紙、銀紙、紙錢三類。此書並在討論生命禮俗、歲
時祭儀的內容中，詳細提及金銀紙錢的使用時機。

　　然而由於本書重點並不是著重於金銀紙錢的部分，所以在對
於金銀紙錢的介紹只提及 22 種的金銀紙錢，在種類介紹上稍嫌
不足，同時關於金銀紙錢的其他資料也未再作深入的討論。

　　其他如：《臺灣民俗》、《臺灣民俗大觀》、《臺灣舊慣習
俗信仰》、《文化臺灣》、《府城的寺廟信仰》、《神佛正傳與
祭拜須知》、《臺灣民間信仰小百科》等書中皆有提及關於金銀
紙錢的內容，然而內容大多與上列書籍所載的內容差異不大或是
更為簡略，故不再一一討論。

　　另外，目前提及金銀紙錢的相關期刊論文有：

1.侯錦郎著、許麗玲摘譯 〈從考古、歷史及文學看祭祀用紙錢
　的源流遞變〉《民俗曲藝》，第 72 期，1991，頁 14~46。

2.侯錦郎著、許麗玲摘譯〈臺灣常見的祭祀用紙錢〉《民俗曲
藝》，第 81 期，1993，頁 11~41。

此兩篇論文乃是侯錦郎於法國高等實踐學院之博士論文《中
國宗教的獻祭與財庫觀念》，由許麗玲所摘錄其中部分內容並翻
譯。其中〈從考古、歷史及文學看祭祀用紙錢的源流遞變〉詳細
的提及了金銀紙錢的歷史由來，從考古陪葬物來推論獻祭貨幣之
起源，同時運用古籍中所提及關於紙錢的記錄，推測紙錢使用大
約出現在隋末。

而在〈臺灣常見的祭祀用紙錢〉一文中將臺灣的金銀紙錢分
為金紙、銀紙、庫錢、解厄錢四大類，並分析了金銀紙、庫錢的
圖案符號意義，同時並於附註的部分，記錄了不同的金銀紙、錫
箔的尺寸大小，以及每一束金紙的張數，同時並比較不同金銀紙
錢的獻祭地點、焚化方式、獻祭對象。也比較了香港與臺灣金銀
紙錢之樣式數目。但是由於本論文主要在討論與財庫觀念相關的
金銀紙錢，所以對於解厄錢等其他紙錢並未多做討論與分析。同
時由於此文中所提及的金銀紙錢資料乃在 1970 年左右所收集，
據今已有 30 多年，所以儘管此文所收集的資料大部分是以臺南
地區為主，但是若要了解目前臺南地區的金銀紙錢、以及近期才
出現的新式金銀紙錢，則需要進行再次的調查與研究分析。

3.王禮謙（王詩琅）〈艋舺的金銀紙製造〉《臺北文物》，第 9
卷第 2、3 期，1960，頁 94~95。

本文後來收錄於：王詩琅著、張良澤編之《艋舺歲時記》中，
書中另一篇文章〈艋舺歲時記〉提及不同歲時所用使用的金銀紙
錢，而〈艋舺的金銀紙製造〉一文中將金銀紙錢共分為 18 類並
分析其原料、形式（尺寸）、計算單位（每一束的張數），也提
到日治時代艋舺的金銀紙商以及金銀紙的製造以及原料。然因本

文主要調查臺北萬華地區，所以並不完全適用的臺灣其他地區，且本文於 1960 年發表，其中資料與目前情況是否相同，也需要再次的調查分析。

4.卞鳳奎記錄〈臺北香燭金紙業座談會記錄〉《臺北文獻》，第112 期，1995，頁 1~8。

5.卞鳳奎記錄〈臺北香燭金紙業個別訪問錄〉《臺北文獻》，第112 期，1995，頁 9~13。

此兩篇文章為 1994 年臺北市文獻委員會主辦，由卞鳳奎所記錄之臺北市香燭金銀紙業座談會紀錄。在〈臺北香燭金紙業座談會記錄〉中提到萬華地區金銀紙商店的減少，同時內容提及金銀紙錢可能造成的環境污染，以及與會人士中有人建議使用「金融卡」來帶代替金銀紙錢的使用，金銀紙業者提出 1970 年左右開始發現消費者對金銀紙錢的使用已漸不如以往考究，以及金銀紙製造工廠的外移現象。而在〈臺北香燭金紙業個別訪問錄〉中，也提及萬華地區的金銀紙商店數之變化，金銀紙錢上有鋁箔代替錫箔的情況出現、金銀紙商店的經營困境。也提到「信用卡」代替金銀紙錢的論點，還有省籍不同人士所使用金銀紙的差異。

其他如：〈「風吹曠野紙錢飛……」——臺灣金銀紙從製造到燃燒〉、〈冥紙史話〉、〈金紙、銀紙常民美術對現代版畫的影響〉、〈談臺灣竹製冥紙〉、〈談喪葬與燒金紙的風俗〉、〈從道佛兩教「受生經」看民間紙錢寄庫思想〉等期刊論文，其內容有些與上述專文差異不大、對於金銀紙錢的探討亦未有更多的論述，故不再多做討論。

而提及金銀紙錢的相關學位論文有：

1.林育本，《臺灣祭祀紙錢圖像之研究》，高雄：樹德科技大學應用設計研究所碩士論文，2003。

　　此文提出以「圖像學」[2]的理論作為對祭祀紙錢分析的依據，所以我們可以看出作者安排「第三章　祭祀紙錢的源流演變」乃是希望完成圖像學中所謂的第二個層面的探討。而在「第四章　臺灣祭祀紙錢的現況」、「第五章　臺灣祭祀紙錢的類型與表現形式」乃是進行圖像學中所謂的第一個層面探討。「第六章　臺灣祭祀紙錢圖像的象徵意義與精神意涵」乃是進行圖像學中所謂的第一個層面探討。以圖案學的理論來分析臺灣金銀紙錢、對於祭祀紙錢的圖像、視覺符號、文化符碼的分析篇幅是此文的重點所在，也是之前其他相關文章所未提到的部分。

　　第五章的部分，為本論文之重點，作者將所收集到的金銀紙錢做了詳細的圖案分析、記錄、歸類。這是之前的其他研究學者

[2]　Erwin Panofsky 著，李元春譯《造型藝術的意義》，臺北：遠流出版社，頁 36~37，1997。其中提到：西方的圖像學理論者。潘諾夫斯基（Erwin Panofsky）在其著作《Meaning in the Visul Arts》中說明：圖像學是一種詮釋性的圖像研究；乃指詮釋性的東西，是在發現與詮釋作品的形式、主題下所潛藏的象徵內涵與價值。並指出藝術作品的三個層次意義及其詮釋原理為：
一、解釋圖像的自然意義：依據實際經驗，來確認作品中的事實、實物、主題與藝術表現的部分，確認作品所呈現的色彩、線條、形式等單純的主題，此階段類似形式分析。
二、第二層在發現與解釋藝術圖像的傳統意義與故事，確切指出作品所能傳達出的題材、寓言和意象，所以需要以歷史典故、文學與來源背景等相關知識作為解釋的依據。
三、第三層在解釋作品的內在意義或內容，除能對作品的形式與所賦予的掌握之外，還需要綜合解釋藝術作品所表現出的內涵意義，因此此階段需要先進行原則性的探討，以瞭解研究對象的政治、宗教、社會及文化等的影響，在探究所象徵與蘊含的意義。

們所未探討的領域。而在第七章「臺灣祭祀紙錢圖像的演變與應用」第一節中，嘗試進行早期紙錢與現今紙錢的差異分析，並以「圖像的類型」、「造型」、「版面」構圖等方面來做分析，並提及發現新式紙錢的出現，都是本文的優點。

　　然而較為可惜的地方，則因為可能是作者收集採樣的問題，若是論述對象為全臺灣的金銀紙錢，則仍有一些金銀紙錢並未被作者所記錄（如新式紙錢中的：嬰靈金、貴人接引金），再加上作者可能忽略近代出現之金銀紙錢（如：往生錢、壽生錢、臺幣、美鈔、新型金銀紙）目前仍有極大變化性的因素，所以分析其收集到之樣本是否適合，則有待商榷。此外，對於近年新起的「蓮花」、「法船」、「元寶」等的紙錢新摺法型式並未提及，也是稍有疏忽之處。

　　此文雖名為臺灣地區的祭祀紙錢研究，然研究的範圍，乃是以苗栗以及臺南地區為研究範圍，但在臺南地區所調查訪談的對象僅有四家臺南市的販售商，一家臺南縣的製造商，除了在樣本的選擇上是否具足夠的代表性的問題[3]之外，作者在定義的調查對象時，說明希望以民間宗教信仰之執事人員、專家學者、收藏者為輔的情況來說，在臺南地區並沒有這些對象的訪談研究、這也是較大的問題所在。

　　另外，作者試圖以漢民族宇宙觀、宗教信仰崇拜、趨吉避凶的心理、民間審美藝術的概念著手來解釋的紙錢的精神意涵。然

---

[3]　林育本《臺灣祭祀紙錢圖像之研究》，樹德科技大學應用設計研究所碩士論文，頁 53，2003。提到：只找大型製造商及販售廠商，……故臺南地區僅找四家較具代表性之廠商。卻沒有考慮到商店經營歷史上長短的可能影響因素。

而作者可能因為本身背景與主要研究方向的原因，在此部分並未
深入在討論，對於紙錢的使用對象（神明、陰間鬼魂）的位階對
應關係、使用方式，文化象徵意義等人類學以及民俗學方面，並
未作深入的分析探討，也這是較為可惜的部分。

2.吳奐儀《金銀紙業對苗栗中港地方空間的發展與影響》，臺北：
臺灣大學建築與城鄉所碩士論文，2000。

　　本碩士論文以區位理論來討論苗栗中港地區金銀紙業的發
展影響，因重點乃在探討金銀紙產業在苗栗地區的空間變遷與發
展，所以對於金銀紙錢並沒有多作深入的探討，僅在論文之附錄
部分稍作金銀紙錢的介紹。

　　至於如：尹詩惠《艋舺、大稻埕、城內機能的轉換》，臺北：
國立臺灣師範大學地理研究所碩士論文，2000。主要討論的部分
在於城市機能的轉換，故僅稍微提及艋舺的金銀紙商家，並非對
於金銀紙錢作研究討論。而董士誠《金銀紙錢燃燒煙塵廢氣調查
與改善之研究》，臺北：臺灣大學環境工程學研究所碩士論文，
2002。雖是以金銀紙錢為主體討論，但是其重點在於討論焚燒金
銀紙錢造成的污染問題與解決對策，而非討論金銀紙錢之文化意
涵。

　　其他相關的學位論文也多僅在其文中部分與少部分提及金
銀紙錢，目前除了林育本《臺灣祭祀紙錢圖像之研究》一書之外，
關於金銀紙的「象徵意義」、「認知體系」、「時代變化性」、
「區域差異性」……等問題，還有專論一地區的調查研究，現階
段也都還缺乏其他相關之文獻與期刊或學位論文專門深入討論
之。如此一來雖然增加了本研究的困難度，但是相對的也更突顯
了此一研究的價值與意義。

本書以臺南市為探討範圍的原因

本書主要探討範圍為臺南市，但由於在清代、日治以及目前，在不同的時代背景之下，對於此一地區都有不同的名稱，故乃以目前臺南市的範圍為研究之範圍。而本研究選擇臺南市為研究範圍的原因，主要乃是所謂「一府、二鹿、三艋舺」，臺南市是漢人自中國移民來臺開發的第一站，悠久的歷史發展，使得臺南較臺灣其他地方保留了更多的傳統習俗與民間藝術。此外，臺南市民間宗教活動的興盛程度也是許多人有目共睹的，因此在民間宗教活動中扮演著重要角色的金銀紙錢，在臺南市也就較其他地區有更大的存在的空間，故本書將以臺南市為研究範圍。

而本研究的對象則因為要符合金銀紙錢的特殊性，故將以臺南市的金銀紙販賣店家以及臺南市的寺廟為調查對象，以試圖了解金銀紙錢的種類、販賣情況、製造方法、金銀紙錢使用者態度等情況，並探究金銀紙錢的時代變化情況、金銀紙錢之尺寸大小、圖案文字符號等改變的象徵意涵。目前關於臺南市金銀紙錢較詳細的資料，除了前述侯錦郎於 1970 年左右的調查之外，之後就缺乏進一步的後續調查。另外也由於金銀紙錢在一般的觀念中往往未將之納入傳統藝術的範圍內，在蕭瓊瑞所主持的《臺南市藝術人才暨團體基本資料彙編》一書中，也未將臺南市金銀紙錢的製造者或廠商編入。所以本文對於臺南市金銀紙店對象的選擇，乃是依據臺南市禮儀用品商業同業公會的所提供的業者名單，並參據現任臺南市禮儀用品商業同業公會理事長楊清和先生以及臺南市米街金香紙店黃文賢老闆（臺南市禮儀用品商業同業公會顧問）的建議，從現在仍在經營中的金銀紙店，選取具有四十年以上歷史且具代表性的金銀紙店作為調查研究對象。

　　將研究對象的經營歷史定於四十年以上之原因，主要乃是考慮如果經營的時間太短，則目前經營者與前輩經營者如無傳承關係，則接觸較少，也多半無法了解從清代、日治到目前經營情況之變化。再者，如果是近年才開始經營金銀店的商家，則可能對於新型紙錢的出現、金銀紙錢的變化情況並不全盤了解。故本文將以較具有歷史傳統的金銀紙店進行調查研究。另外，由於金銀紙錢的提供者並不僅限於金銀紙店，故臺南市寺廟所提供的金銀紙錢也是本研究的對象之一，同時本研究也將會以其他地區以及博物館中收藏之金銀紙錢作為研究比較之對象。所以本文將彙整各方的資料、進行分析，以期將臺南市金銀紙錢之發展變化與其所蘊含之傳統藝術作一完整的研究分析與呈現。

探討的過程與實地訪談

　　本書以蒐集相關文獻資料為調查的基礎，包括歷史文獻（如：清代之方志、日治時代的調查記錄等）、以及上述相關學位論文、期刊論文、專書、並參考部分網路資料，將目前不同領域之學科中，對於提及金銀紙錢的內容資料，進行整理研讀。以期將金銀紙錢在不同的時代的變化情形以及面臨問題作較全面性的研究，並了解金銀紙錢在不同生命禮儀以及歲時節慶中的使用情況、在民間信仰習俗中的角色地位，嘗試分析其中所蘊含的藝術意涵與象徵意義。

　　之後，則開始進行田野調查、採訪蒐集資料，以選定之研究範圍、研究對象進行實際的調查，行前針對金銀紙錢店家、寺廟、金銀紙錢本身先設計各類表格以及記錄表（見附件一、二），再進行實際之訪談、攝影與記錄。

　　訪談對象分為三類：一為金銀紙店之經營者；二為寺廟中負責金銀紙錢部分之工作人員；三為金銀紙錢的製作者。希望藉此能夠釐清臺南市金銀紙錢的種類、使用情況、時代變化，並且從中探討金銀紙錢本身之圖案文字符號的變化與使用種類，希望藉由這些資料的分析來了解其所蘊含之知識構成體系、象徵意涵與民俗藝術價值。

　　最後，待田野調查告一段落之後，則田調資料歸納與分析比對，根據實際調查蒐集而來的資料，依不同類型的金銀紙錢先進行分類以及製表整理，同時藉由相關文獻、資料的分析比對，希望了解臺南市之金銀紙錢之特色以及差異，並也將討論到金銀紙錢之變遷情況與影響因素。

第二章

金銀紙錢之源流與發展

第一節　金銀紙錢產生的背景與起源

一、祭祀文化與金銀紙錢

　　人類自遠古的原始時期開始，對於毫無預警所發生的地震或是火災等自然災害以及大自然所產生的各種氣候、季節變化等無法理解的現象，乃至於生命中所逃避不了的生、老、病、死，面對這一切無法獲得解答的疑問，人類於是運用本身的想像、理解發展出一套神靈體系作為這些不可知事物的解釋。這樣的解釋系統也成為宗教信仰的起源。這些由人類所想像、形塑而成的神靈體系，也因為具有人們認知中所無法具有的超自然力量，故成為人們所崇敬、畏懼的對象。為了能與這些神靈交流，祭祀活動因此而產生。人們藉由祭祀活動的舉行，透過外在表現行為以及物質實體的呈獻，實踐與神靈溝通、表達請求的希望，也同時希望神靈可以因此而賜予人們未來期望的達成、或是對目前現狀的維持或改善。[1]

　　在漢人的民間信仰中，除了在多神論的觀念方面上與西方基督信仰觀念明顯不同之外，對於「祭品」的重視程度也與其他民族有所不同，在漢人的信仰觀念中，人們會透過祭品的奉獻而祈求神明能夠達成願望，甚至也可以是當做神明幫助願望完成的謝禮。而其中以「金銀紙錢」當做祭品的使用，更在其他民族的祭

---

[1] 劉曄原、鄭惠堅《中國古代祭祀》，臺北，臺灣商務，1998，頁 4~6；
　　阮昌銳《中國民間宗教之研究》，臺北，臺灣省立博物館，1990，頁 49、
　　53~55。

祀活動中所未見的，因此也可以說是漢人文化中相當特殊的一個部分。

有些研究者根據其分析的結果而認為，漢人在祭拜神靈時會焚燒金銀紙錢，是一種「賄賂」的行為，例如在董芳苑《探討臺灣民間信仰》一書中，他認為臺灣民間善信赴廟便要「燒金」（焚化金紙）的行止，也可以說是從臺灣社會的「紅包文化」的由來。因為社會大眾普遍有「有燒金才有保佑」、「有錢能使鬼推磨」的觀念，所以他認為，在這樣的邏輯思考下，使社會大眾在拜託有利害關係的官僚協助辦理事情時，也要送紅包。[2]然而，也有研究者持另一種看法，例如李國銘教授以人類學中「禮物」的概念，認為「燒金」是一種「互相贈與」的行為，是一種情感跟訊息的溝通，而不應該被視為是「賄賂」，他認為漢人是透過種類複雜的的紙錢來傳達內心所無法表達的情感，達到與神明交流的目的。[3]

---

[2] 董芳苑《探討臺灣民間信仰》，臺北，常民文化，1996，頁 207、286~299。筆者雖然贊同董芳苑教授認為臺灣民眾的在宗教信仰上的「功利性」觀點，以及某些情況下的「燒金」行為是具有「賄賂」的意味，但是李國銘教授提出將「燒金」視為「互相贈與」的觀念也同樣反應了事實，所以筆者並不認為「燒金」全然是「賄賂」的觀念。此外，關於臺灣民眾是否因為「燒金」的習俗而影響到「送紅包」觀念，筆者則認為還有待釐清。

[3] 李國銘〈頭社夜祭與祀壺信仰初探〉《臺灣風物》第 48 卷第 1 期，1998，頁 94。提到：這種「互相贈與」的行為，不應該被視為人對神明可恥的賄賂，而應該看成是一種情感與訊息的溝通。……就像過年時大人包壓歲錢給小孩，並不表示大人在賄賂小孩。同樣的，漢人的天公這麼偉大，根本也不要人們去賄賂，燒最複雜的各種紙錢也不代表賄賂天公……傳統社會的人們明白語言的侷限，所以常用語言之外的物

　　關於「燒紙錢」這樣的風俗，究竟是屬於「賄賂」還是「互相贈與」的觀念，我們可用一體兩面的觀念來做解釋，一種物質往往會因為人們的不同需要，而有不同的理解、不同的用法，所以筆者乃認為以上兩種觀念實際上是同時皆存在，而觀察目前臺灣地區的紙錢使用情況，在祭祀天公、三官大帝、媽祖、王爺等上界神明時，「交互贈與」的意味是比較濃厚的；而在祭祀有應公、大眾公之類的陰神時，「賄賂」的意味的確是比較濃厚的。

　　另外，關於為什麼漢人在敬獻給神靈金銀紙錢的時候，必須透過「焚燒火化」的步驟來完成儀式，目前在學界則有李國銘教授從人類學的角度提出解釋，他認為漢人會藉由「火」來轉化祭品，使這些祭品從「自然物」變成「文明物」再變成「超自然物」，透過外來第三者（火）的轉化使祭品能夠由信徒而向神明的方向流動，其過程可由下圖看出[4]：

質來表達內心說不出的情感。透過物質的相互贈與，雙方的感情交流得以繼續維持、加強。

[4]　李國銘〈頭社夜祭與祀壺信仰初探〉《臺灣風物》第 48 卷第 1 期，1998，頁 97~98。

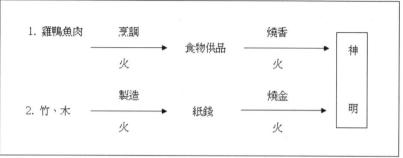

圖 2-1 漢人以火轉化祭品概念圖
引自李國銘 1998：97，施晶琳改繪[5]

　　正因為如果不經過轉化的程序，人無法與不可見的上天達成溝通，所以如同平埔族人透過轉化的程序來達成他們與上天溝通、答謝上天的行為一樣，漢人也透過這樣的轉化程序來與神靈溝通、表達對神靈的感謝。因此唯有透過將紙錢焚化的過程，漢人才能將心中所存在的敬意從可見的世界轉化到不可見的世界。

二、金銀紙錢的起源與傳說

（一）關於文獻中金銀紙錢的記載

　　過去歷史上的書寫記錄主要大多以國家政事、帝王貴族等的

---

[5]　原先李國銘教授所繪的圖示中，僅表示出由紙錢透過燒金的轉化而敬獻給神明，但筆者認為如果能表示成：竹、木－紙錢－燒金，能更符合李教授所提出的：自然物－文化物－超自然物的觀念，因為從製造紙錢的過程中，也同樣必須經過一些處理，如：烘乾紙張、塗在錫箔上的「金油」乃由槐花、礬等原料煮成。這些在從竹、木原料變成紙錢的過程中，同樣也可以看出經過「火」的轉化處理。

記載為主，關於一般常民的生活，乃至於風土民情、民俗生活等
的描述，都較為缺乏或簡略，所以若要探究金銀紙錢在不同歷史
年代的發展狀況，通常較無法在正史找到相關的單篇專門記載，
正因如此，首先進行金銀紙錢歷史研究的學者侯錦郎，於是採用
從考古出土文物的比對以及在中國古代小說、詩詞中相關的歷史
文獻中去考證金銀紙錢的源流以及轉變，同時藉由這些整理，使
後人對於金銀紙錢的產生有更深入的一番瞭解。

　　侯錦郎提到，根據《周禮》中的記載即已可看出，漢人有將
「金版」祭獻給上帝的儀俗，而這些金版上面都塗有一層象徵是
黃金的黃色物，因此則推測認為這樣的觀念以及象徵意義被漢人
持續的沿用著，所以今日人們所使用的紙錢上之所以要使用塗上
黃色塗料的錫箔也是因為承繼著相同的觀念[6]。另外，從研究中
國喪葬歷史的學者張捷夫的觀點分析，在中國夏商時期之前漢人
就存在有靈魂不滅的觀念，因此會將死者日常用以及貴重、實用
的物品作為陪葬，最早從新石器時代以石子和獸骨製成具貨幣功
能的仿貝殼，或是春秋時代以鉛質、銅質及黏土等仿製的錢幣，
而後根據他的研究，到了魏晉、唐代時開始流行在送葬途中和下
葬時焚燒紙冥器，而在《前漢書·張湯傳》[7]以及宋代·高承《事
物紀原》[8]中的記載則再次的證明紙錢的起源是自仿製喪葬的隨
葬物而來，所以可以瞭解，金銀紙錢的產生與對於超自然力的神

---

[6]　侯錦郎著、許麗玲摘譯〈從考古、歷史及文學看祭祀用紙錢的源流與
　　　遞變〉，臺北：民俗曲藝，1991，頁 16。

[7]　《前漢書》卷 59，頁 5　中華書局印行。〈張湯傳第二十九〉中提到：
　　　「會人有盜發孝文園瘞錢」（並註釋：瘞埋也，埋錢於園陵以送死也）

[8]　《事物紀原》卷 9，頁 26　記載：「漢以來，葬者皆有瘞錢。」。出自
　　　臺灣商務印書館文淵閣四庫全書　子部 226　類書類　（頁 920-248）。

靈是無法脫離關連的。

如同前述對於金銀紙錢起源做過研究的學者們之推論[9]，他們認為金銀紙錢起源於隨葬物的概念，而且而後透過不同時代的物質文明的變化，隨著製紙技術的發明以及觀念的改變，漸漸演變到唐代之後，「紙錢」開始流行以及普遍，而透過歷代中的志怪小說，也可以從故事內容的情節發現到許多描述亡魂或陰司冥吏要求紙錢的故事情節來檢視當時紙錢使用的情況，例如從唐代的《冥報記》中所提到的睦仁蒨[10]、李山龍[11]、王璹[12]的故事[13]

---

[9]　除了侯錦郎之外，陳啟新在《冥紙史話》、以及張永昇在《宋代士庶人之喪葬禮俗研究》的文章中也提到關於紙錢的起源概念以及對於紙錢起源歷史年代的考據，而各自有其看法。陳啟新以及張永昇認為根據《封氏聞見記》中的記載以及相關資料在魏晉南北朝時期，在喪祭時已有紙錢，而侯錦郎則認為《封氏聞見記》一書的說法沒有表明確切的年代，所以不予採信，而他認為紙錢的出現年代根據相關的冥報記等記載比較可以可以確定的是早於唐代，另外根據六朝的道教文獻中的記載，他認為文獻中所記載的「獻祭用的金錢」就極有可能是紙製品。

[10]　上海古籍出版社出版《續修四庫全書》一二六四　子部　小說家類　頁401，《冥報記》卷中　頁六。內容：「……蒨云：鬼所用物皆與人異，爲黃金與絹爲得通用，然亦不如假者。以黃色塗大錫作金，以紙爲絹帛最爲貴上。文本如言作之，及景食畢，令從騎更代作食，文本以所作金銀絲絹焚之，……」。

[11]　同註10，頁407，《冥報記》卷中頁十八。內容：「……後日剪紙做錢帛並酒食，自送於水邊燒之……」

[12]　同註10，頁414，《冥報記》卷下　頁十六。內容：「吾不用銅錢，欲得白紙錢耳……璹以之告家人，買紙百張作錢送之。明日，璹又病困，復見吏告曰：「君幸能與我錢，而錢不好。」……，二一日之後，璹另以六十錢紙百張作並做酒食，自於隆政坊西渠水上燒之。……」

中，皆可以看出。

至於紙錢在唐代的使用情況，除上述在志怪小說中的記載之外，亦可以透過現存而大量的唐詩來分析，根據這些唐詩的內容描述，可以窺見唐代人們的生活情況，亦可再次證明於唐代時已經廣泛的使用金銀紙錢，如張籍的「北邙行」[14]、李賀「神弦詩」[15]、白居易「黑龍潭」[16]和「寒食野望吟」[17]、徐凝「嘉興寒食」、[18]南唐宰相李建勳「迎神詩」[19]等詩文對於祭祀中的焚化紙錢都有不少描述。而回顧《舊唐書》王嶼傳中所提：

> 王嶼少習禮學，博求祭祀儀注以干時間，開元末，玄宗方
> 尊道術，靡神不宗，嶼抗殊引古今祀典請至春壇，祀青帝

---

[13] 侯錦郎著、許麗玲摘譯〈從考古、歷史及文學看祭祀用紙錢的源流與遞變〉。臺北：民俗曲藝，80 年 7 月號，1991，頁 18~21。

[14] 清聖祖彙編，《全唐詩》，臺北，宏業書局，卷三百八十二，頁 1071。
〈北邙行〉：「……寒食家家送紙錢，烏鳶作窠銜上樹……」。

[15] 同註 14，頁 1109。
〈神弦詩〉：「……紙錢窸窣鳴飆風，……送神萬騎還青山……」。

[16] 同註 14，，頁 1179。
〈黑龍潭〉：「……神之來兮風飄飄，……紙錢動兮紙傘搖……」。

[17] 同註 14，頁 1207。
〈寒食野望吟〉：「丘墟郭門外，寒食誰家哭?風吹曠野紙錢飛，股冪纍纍春草綠……」。

[18] 同註 14，頁 1346。
〈嘉興寒食〉：「嘉興郭裡逢寒食，落日家家拜掃回，唯有縣前蘇小小，無人送與紙錢來。」。

[19] 同註 14，頁 2110。
〈迎神詩〉：「陰風窸窣吹紙錢，妖巫瞑目傳神言……」。

　　於國東郊。玄帝甚然之，因遷太常博士侍御史，充祠祭使，

嶼專以祠事希倖，每行祠禱，或焚紙錢，禱祈福佑，迎於

巫覡，是過承恩遇……[20]。

　　從上述文字內容也可以看出，紙錢不僅僅承載起源於陪葬物
的概念，從《周禮》所提到以「金版」祭獻給上帝的儀俗，以及
唐書〈王嶼傳〉所言，可以得知紙錢亦成為一種祭祀神明、成為
禱祈福佑所使用的重要祭品。而且從這些學者對於從各種歷史文
獻及出土之文物的研究結果均顯示，在唐宋二代，確定已有紙錢
的使用[21]。

（二）關於紙錢製造業者所認為的傳說

　　由於古籍上對於金銀紙並沒有完整的記載，加上民眾以及金
銀紙製造販賣零售商也不太可能去考據金銀紙錢的起源，因此如
同其他行業通常都會有其傳說一樣，所以在研究的過程中，也採
集到不少的民眾以及金銀紙業者用來解釋金銀紙產生與使用的
民間故事：

1.東漢蔡倫

　　東漢蔡倫總結前人經驗，始用樹皮、麻頭、破布等原料造紙，
世稱「蔡侯紙」。新產品一推出，世人不解其妙處，導致滯銷。

---

[20] 中華書局出版《舊唐書》冊七　卷一百三十列傳八十頁1〈王嶼傳〉。

[21] 關於金銀紙錢的起源，目前以侯錦郎著所著〈從考古、歷史及文學看
祭祀用紙錢的源流與遞變〉一文剖析的最為深入，而後徐福全《臺灣
民間祭祀禮儀》以及林育本《臺灣祭祀紙錢圖像之研究》中所論及的
歷史起源考據等，都仍以此文內容作資料整理，並未有突破，故此一
部份尚需將來的研究者的持續努力。

蔡倫為了大量推銷自己的產品，夥同妻子串通設計。首由蔡倫向
皇帝告病返鄉，不久即詐死臥躺在無底棺材內，其妻在棺木前不
斷燃燒事先準備好，上頭貼有銀箔的長方形紙錢，一些前來祭弔
的親朋好友甚惑，問明原由，其妻曰：此為陰間通用貨幣，在靈
前燒此紙錢，可助亡者在陰間疏通獄卒，賄賂閻王，如再繼續燒
紙錢，或許七日後可清醒復活。而蔡倫在七日後從棺木中復活，
眾人大驚，咸信燒紙錢可積功德，延長壽命，從此燒紙錢之風，
相沿成習至今。[22]

2.唐高祖李淵

相傳唐高祖李淵，於隋末，趁全國大動亂，乘機起兵政變，
自稱太上皇。在這一連串的爭霸中，李淵離鄉多年，等天下底定，
返鄉見慈母已仙逝多年，在廣大的墓園中，遍尋不著先母的墳
墓，聽說此時，唐高祖將攜帶前來的紙錢，分置在各墳墓上，上
香禱告曰，禱告不久，但見其中一墓的紙錢倏而消失無存，因而
斷認此為唐高祖母親之墓。[23]

3.唐太宗

---

[22] 涂順從《南瀛產物志》臺北：臺南縣新營市，1997，頁 197~198。
張懿仁《金銀紙藝術》苗栗縣文化局，1995，頁 2。
但是關於此傳說所提及的蔡倫，根據史料記載，後來被升官作中常
侍，應不需要以此種的方法來推廣紙的使用，因此看待傳說也無需完
全採信，然由此一傳說，是可以瞭解金銀紙的產生，是在「紙」的產
生後才出現經歷隋代、唐代、宋代而完備。
[23] 涂順從《南瀛產物志》，臺北：臺南縣新營市，1997，頁 197~198。此
外，也有些資料顯示另有一內容大致相同的傳說，只是將李淵的角
色，換成是明代朱元璋。但此傳說應是錯誤的，因為根據文獻資料，
紙錢應該在唐代已出現並流行，並非遲至明代才出現。

此乃是重由吳承恩的《西遊記》延伸而來的：唐太宗貞觀十三年，宰相魏徵夢中斬龍王，龍王忿恨難平，下陰府控告太宗，太宗因而昏迷多日，原來其靈魂出竅遊至地府。當他行經枉死城的時候，遇見當年南征北伐被他殺死或為國捐軀的冤魂前來要求施捨。此時太宗身無半文，幸虧閻王指點說：開封城有一義民名叫林良，平素樂善好施、濟貧助僧，屢積陰德，儲存在陰府銀庫不少紙錢，太宗遂寫借據，向陰司兌借金銀一庫房，分贈打發各冤鬼散去，太宗才得返魂。此事就如此流傳下來，漢人也皆相信陽世所燒紙錢可以幫助陰間亡者。[24]

而在本研究的田調採訪過程中，臺南市的金銀紙業者則大部分採信唐太宗遊地府的金銀紙傳說。儘管以歷史學以及考證等學理角度而言，業者這樣認知並不具有成為金銀紙起源證據的參考價值，然而在研究金銀紙錢文化來說，分析業者之所以為會認同、流傳第三種版本的傳說，筆者推測乃是第三版本的說法（唐太宗遊陰間）一方面是由於出自大家耳熟能詳的歷史故事之外，另外更突顯紙錢的確在陰間可以流通的概念，也無怪乎金銀業者普遍會認同第三種版本的傳說。

第二節 臺灣金銀紙錢的產業發展狀況

[24] 明 吳承恩《西遊記》第十回『二將軍宮門鎮鬼 唐太宗地府還魂』臺北：光復書局出版，頁 100~109。另外在 1994（民國 83）年所舉行的臺北市香燭金銀紙業座談會記錄中，臺北市禮儀用品同業公會的周明德理事長也表示：「焚點香燭金銀紙錢的習俗乃是始於唐太宗遊地府憐憫孤魂野鬼，遂下令製作金銀紙錢焚燒給孤魂野鬼。」

一、明末至清朝時期（1894 年之前）

從臺灣早期記載描述平埔族的文獻中，並沒有發現到臺灣原住民有使用紙錢的習俗，而根據《龍海縣志》記載：「明隆武二年（1646）龍溪、海澄開始生產紙箔，石碼十六間紙箔運銷臺灣、南洋。」[25]可以得知明代末年漢人隨從中國移民到臺灣，也已經開始從中國進口紙張。另外，在 1660 年（明永曆 14 年）由 Albrecht Herport 所著的《臺灣旅行記》中在提到中國人的宗教寫到：「……中國人也每天在神像前點名貴的香、金紙和檀木……」在提到中國人的掃墓時，寫到：「……埋葬死人時，親友都來弔喪…有些人也帶寫金字的紙來（應是紙錢），和檀香等放在墳上燒掉……」[26]所以我們可以保守推估至少從明末清初大批中國閩南廣東移民而傳入燒金銀紙錢的風俗，至今已有三百多年。

關於清代臺灣民眾使用紙錢的情形，則可以在清代的方志中窺見一些當時的情況，如在《臺灣縣志》中可以看到：「四日，家家備牲禮，燒紙禮神，是謂『接神之禮』……」、「九日，天誕之期，家家之燒紙，望空叩拜……」、「十五日，……亦有不用道士，而自備撰盒，以燒紙者…」、「七月七夕，家家備牲禮…向簷前燒紙，祝七娘媽壽誕……」[27]

---

[25] 《龍海縣志》，福建：龍海縣地方志編輯委員會，1993，頁 256。但其中需要注意到的是明隆武僅至元年，龍海縣志中記載到的兩年，可能是其參考的書籍記載有誤或是筆誤。

[26] 臺灣銀行經濟研究室編《臺灣經濟史三集》臺灣銀行經濟研究室，Albrecht Herport 著《臺灣旅行記》頁 126。

[27] 臺灣銀行經濟研究室編《臺灣縣誌》臺灣銀行經濟研究室，1999[1720]，頁 63~64。

　　而在《福建通志臺灣府》中提到：「喪禮：……五旬，延僧道禮佛，焚金楮，名曰做功德、還庫錢，俗謂人初生，欠陰庫錢，死必還之……」[28]、「元旦製紅白米糕以祝神……四日家家備牲禮，燒紙禮神，是謂『接神』……」、「五月五日……用楮錢送於路旁……」[29]。而在物產篇中也提到：「沙連紙，以沙連之竹製之」[30]，儘管這一部份所提到製作的紙張，不一定是完全是用來製作紙錢的原料（竹紙），但是從此可知臺灣至少從 1871 年開始，已經使用竹子來製作紙張。

　　以及在《重修福建臺灣府志》中提到：「喪禮：……五旬，延僧道禮懺，焚金銀楮錢，名曰還庫錢……」[31]、「歲時：……正月……四日，家家備牲禮，燒紙禮神，是謂『接神』之禮……」[32]、「十二月二十四日……俗傳百神以是日登天謁帝，凡宮廟、人家各備茶果、牲禮、印幡幢、輿馬、儀從於楮，焚而送之，謂之『送神』。」[33]。

　　另外在《重修鳳山縣志》也可看到如：「……用楮錢送於路旁……」[34]、「……弔者祭而答之胙，香楮則答拜而不胙……」

---

[28] 臺灣銀行經濟研究室編《福建通志臺灣府》臺灣銀行經濟研究室，1993[1871]，頁 205。

[29] 同註 28，頁 211。

[30] 同註 28，頁 230。

[31] 臺灣銀行經濟研究室編《重修福建臺灣府志》，臺灣銀行經濟研究室，1993[1742]，頁 95。

[32] 同註 31，頁 96。

[33] 同註 31，頁 98。

[34] 臺灣銀行經濟研究室《重修鳳山縣誌》，臺灣銀行經濟研究室編，1957[1764]，頁 47。

[35]、「……今人送紙錢焚為灰燼，何益喪家？……」、「……臺
之居喪……名曰做功德、還庫錢……」[36]，從這些方志文獻中的
描述[37]，可以幫助大致瞭解到清代漢人在臺灣使用金銀紙錢的狀
況。不過從明末到清初這一段時間，臺灣仍是一個主要農業移墾
為主的社會，製造業並不發達，根據林玉茹對臺灣竹塹地區商人
及其活動的研究資料中，可以看到到清代臺灣竹塹地區行業種類
中，已經出現了金銀紙商與販售的金箔店店舖。[38]另外，從吳奐
儀的研究也可得知當時所需要的金銀紙錢等商品，大部分是由中
國福建沿海一帶利用船舶運輸而進口至臺灣，而之後由於港口政
策或自然條件劣化等眾多因素影響，逐漸開始在臺灣一些沿海市
鎮出現製造商而形成自給自足的狀況[39]，所以亦展開臺灣本島金
銀紙錢的製造與販售。

　　根據現存日治初期所調查的資料，可以大致瞭解清朝統治臺
灣末期時，臺灣金銀紙業的發展情況，根據《安平縣雜記》中提
到「工業」的內容中提到：「國有藝事，……。近世以來，工務
繁興，非復從前之舊。臺灣貨物多自外來，執藝事者亦來自福、

---

[35] 同註 34，頁 54。

[36] 同註 34，頁 58。

[37] 根據中研院的「漢籍電子文獻」系統，以「紙錢」為關鍵字之檢索，
共找出 96 項相關的文字記載。

[38] 林玉茹《清代竹塹地區的在地商人及其活動網路》，臺灣大學歷史學
研究所博士論文，1997，頁 73-1~2。表 3-1 清代竹塹地區商人的行業
種類與層級、3-2 清代竹塹地區店舖時空配置表。

[39] 吳奐儀《金銀紙業對苗栗中港地區地方空間的發展與影響》，國立臺
灣大學建築與城鄉研究所，碩士論文，1999，頁 42。

興、漳、泉，而傳授焉。[40]」所以大約可知日治前以臺南地區為中心的臺灣工藝，其技術的傳承多半來自中國大陸的福建、廣州等地。而後本書羅列了一百項當時臺南地區所見的工藝總類，其中並包含了製作紙錢的「做粗紙師阜、銀紙店師阜」[41]，由此可見在日治時期之前臺灣地區已有在本地製造紙錢的師傅。

在臺灣本島開始自行生產紙錢之後，民眾使用紙錢似乎也因為更加方便，而更為普遍，以本研究所探討的研究的臺南地區為例，《安平縣雜記》中也記載大量關於當時人們使用紙錢的情況。此外，除上述最早開發的臺南地區之外，在臺灣北部亦屬於早期開發的艋舺地區，也從清末自閩南的泉州、石碼運送當地所需的金銀紙錢，一直到日治之後，因為日本的殖民統治與使得臺灣與中國的貿易關係，從國內貿易轉變為國際貿易，進口關稅以及其他條件的限制，使得臺灣本身的工業開始蓬勃發展[42]。

二、日治時期（1895-1945）

關於日治時期臺灣金銀紙業的狀況，首先可以藉由日治時代

---

[40] 不具名，《安平縣雜記》，臺灣銀行經濟研究室，1959[1895]，頁 80。
[41] 同註 40，頁 84~85。提到：
做粗紙師阜：粗紙以麻竹、莿竹濕極腐爛爲之。嘉義進雲林一帶出焉。
銀紙店師阜：剪粗紙縱四寸零、橫三寸，中鋪一小錫箔縱橫各寸許，用赤茱煮糜黏之；凡中元普度及年節祭祖先燒焉。每二、三十張，即名爲一百葉，約大錢四文。中元普度有燒至數萬葉者。若錫箔蓋以槐花，色黃，名曰「金仔」，每百葉亦約大錢四文。
[42] 王禮謙〈艋舺金銀紙製造〉《臺北文物》，第九卷，二、三期，1960，頁 95。本文並提及日治時代臺北市金銀紙錢工廠數目的統計表，以及金銀紙錢的原料以及製作方法、總類。

完成的《臺灣慣習記事》〈爆竹與金銀紙〉篇中記載來看:「……
臺島周年金銀紙之消費額,以前為六十萬圓左右,聞大部分由對
岸(指中國大陸)輸入,果然如此,與爆竹之消費額合計達一百
萬元以上。……箔紙輸入平均額為十八萬五千八百五十三圓……
總之,臺島年年巨萬之金錢,完全為迷信所致之風習化文真煙也」
[43]。從上述的記載說明,可以大致上瞭解當時臺灣地區燒用紙錢
的數量。

關於日治時期臺灣金銀紙錢的製造情況,另外則從當時出版
的臺灣日日新報中相關的報導亦可略知一二,從 1900 年(明治
33 年)10 月 25 日二版的新聞中,可以看到「本島の製紙業小話」
的報導,提到臺灣各種製造業正在興起,以及本島人(臺灣人)
對於紙張有大量的需求,其中一部份就是用於供應金銀紙。而臺
灣當時主要的產紙地是在嘉義地區,每年可以生產四百八十萬斤
的紙張,折合當時的市價大約在十六萬八千圓,但是文中同時也
提到當時亦從中國進口大約三十五萬左右的紙張,因此可以瞭解
到儘管當時臺灣的製紙工業開始發展,但是還是必須從中國輸入
紙張。在 1901 年(明治 34 年)3 月 26 日二版的新聞中,刊載有
「嘉義地方の竹紙業と大菁」的報導,內容提及嘉義管內的梅仔
坑、後大埔、竹頭崎、等山麓地方的二十多庄,大約有男女兩千
五百人從事製造竹紙的工作餬口,且提及某些人士認為這製造業
也應課稅,但是本文中說明因為這個行業的營收極微,加上當地
居民比較貧困所以尚未實施課稅[44]。

---

[43] 藤田捨次郎著 臺灣省文獻會譯編〈爆竹與金銀紙〉《臺灣慣習記事》
   (中譯本)第一卷上冊,臺灣省文獻會,1984,頁 95~96。
[44] 本文後半部並提及作為藍染的原料的「大菁」這種作物。另外在臺灣

　　在 1917 年（大正 6 年）2 月 5 日至 2 月 6 日的臺灣日日新報中，亦可看到「本島と製紙業──監獄抄紙業の現況」，文中提到臺灣需要輸入大約相當於二百數十萬圓的紙類，而且有逐年增加的趨勢，因受到當時局事的影響，紙類輸入受到限制，紙價上漲，也刺激了臺灣島內製紙工業的發展，但是由於缺乏經驗，所以也有失敗情況的產生，而後在當局的保護及經營政策之下，開始在臺北監獄運用囚犯人力，嘗試製造紙張，並採用廢紙回收為原料再製造的方法來生產紙張，將所製造出的成品提供給司法省所直轄的政府部門使用，不但節約了紙類資源、同時也使囚犯習得一技之長，將來出獄可以憑藉這項技能從事小資本的紙類製造工作，這樣的作法不但是一種社會事業，同時也可藉此提升臺灣製紙技術，文末並提及臺灣擁有豐富的多纖維植物，具有發展紙類工業的潛力，同時發展製紙業亦是當務之急；在同年 4 月 15 日至 16 日的「監獄抄紙事業」的報導中也提及在臺北監獄推行利用廢紙再製紙的情況。在 1917 年（大正 6 年）7 月 16 日「バルプの製造」的報紙中，提到因為製紙原料的缺乏，使得國際紙價上漲、文末提到臺中廳居住於彰化的金丸虎之助氏，運用甘蔗葉、蔗渣為原料製紙的報導。而在同年（1917 年）12 月 25 日「本邦製紙業」的報導中提到因為歐洲戰亂，使得紙價上漲的新聞。

　　在 1930 年（昭和 5 年）9 月 26 日至 27 日，「本島と製紙業──移入和洋紙逐年は著增　輸入唐紙は漸減　島內竹紙增產」的新聞，提及臺灣輸入的和紙以及洋紙漸漸增加，但是對於從支那（中國）所輸入的唐紙以及禮拜紙（宗教用紙、紙錢）漸漸減少，

日日新報第 869 號第三版中亦有「嘉義製紙的報導」，不過與本文內容提及製紙部分類似，故不再重覆贅述。

並提及臺灣本島生產的紙類主要為竹紙以及板紙，其中竹紙（乃
是製作紙錢的主要原料）的生產從臺南州、臺中州、新竹州所生
產；而從中國輸入紙類的減少量可從表 2- 1、圖 2- 2 看出：

表 2- 1 日治時期（1927-1930）自中國輸入紙類金額表

單位：圓（日圓）

時間	1927 （昭和 2 年）	1928 （昭和 3 年）	1929 （昭和 4 年）	1930（至 7 月為止） （昭和 5 年）
唐紙	169,768	150,899	149,941	83,516
禮拜紙	415,166	304,696	286,194	87,415

資料來源：臺灣日日新報（1930 年 9 月 26 日）

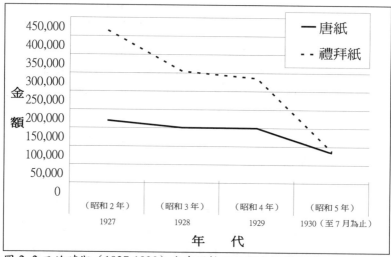

圖 2- 2 日治時期（1927-1930）自中國輸入紙類金額變化圖
資料來源：臺灣日日新報，本研究製圖

　　所以由上列圖表，便可清楚的看出臺灣當時從中國輸入紙類
數量持續減少的情況，而從本文所刊載的另一筆的資料「竹紙的
生產（島內）」，則可以看到臺灣本島製紙的情況（表 2- 2、圖

2-3）。

表 2-2 日治時期（1924-1928）臺灣本島竹紙生產量表

單位：斤、圓（日圓）

時間	1924（大正13年）	1925（大正14年）	1926（昭和元年）	1927（昭和二年）	1928（昭和三年）
數量	5,244,305	7,624,890	6,285,274	6,139,305	6,866,728
價額	379,351	656,806	493,439	436,294	507,830

資料來源：臺灣日日新報（1930 年 9 月 26 日）

單位：斤

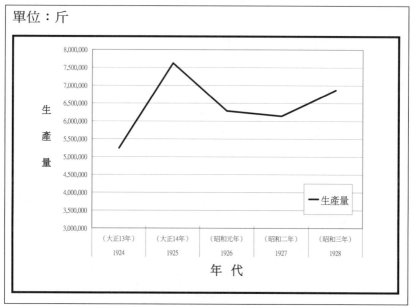

圖 2-3 日治時期（1924-1928）臺灣本島竹紙生產數量變化圖
資料來源：臺灣日日新報，本研究製圖

從上述的資料，可以見到在日治時期，臺灣從中國輸入紙類

（唐紙、禮拜紙）以及紙錢原料紙（竹紙）的數量漸漸的減少，而臺灣本地所生產的竹紙產量則漸漸的穩定增加，所以可以瞭解到當時臺灣本島金銀紙製造業已經開始興起。除了用來製造紙錢的竹紙產量增加之外，從當時的報紙資料，還可以看到運用製糖業的甘蔗渣、甘蔗葉，以及臺灣的黃麻、芒、相思樹、林投、月桃……等植物來作為製紙原料以及技術開發的報導，因此可以看到日治時期對於發展製紙的重視[45]。

　　雖然從上述收集到的相關報導看出日本政府對於臺灣製紙業的重視，然而不可忽略的是日本從開始統治之後，便開始藉由各種傳播工具、國家機器對於漢人原有的風俗習慣進行改革的呼籲，從當時出版的臺灣日日新報中，便可以看到相關的時事評論，如 1900 年（明治 33 年）六月十日第五版中，一篇由梯雲樓所主稿的「論金紙之虛費宜節」的評論中，提到燒化金銀紙錢的無用以及浪費。而在二次世界大戰後期，日本開始推動皇民化運動，從早期先藉由輿論來倡導停燒紙錢，到後期以政策限制來禁止紙錢的製造，使得在二次大戰時期，除了因為戰時物資的缺乏而導致紙錢製造業的蕭條之外，政策上的禁止更使得當時臺灣金銀紙錢的製造幾乎處於停頓的狀態。從相關文獻，如日治末期所出版的臺灣日報中，便可以看出當時日本政府對於金銀紙錢的態度，如：在 1938（昭和 13 年）2 月 2 日第三版中，可以看到「金銀紙燒卻も爆竹も止む──楠梓庄の舊正成果」的標題，內容敘述高雄州岡山郡楠梓庄，打破迷信、改善舊風俗的結果成功，所

---

[45] 相關的報導的資料來源，筆者乃是根據根據神戶大學的新聞檢索系統，找到臺灣日日新報 1917（大正 6 年）-1937（昭和 13）的資料中，有 36 篇關於當時製紙業的新聞。

以使得每年花費大筆金額的燒金紙的行為得以停止。在 1938 年（昭和 13 年）3 月 15 日第六版中，可以看到「寺廟の金爐閉鎖　家庭の燒卻鍋を撤收　全部賣卻して國防獻金に　潮洲郡の燒卻廢止金銀紙」的標題，內容敘述高雄州潮洲郡，經過當地的教化團體及保正的呼籲，使得當地燒金銀紙錢的習慣漸漸廢止，並提及寺廟將燒金金爐關閉停止使用、一般家庭停止使用燒化金銀紙錢的金爐，而後將這廢棄禁止使用的大小金爐由警察局、派出所收集之後賣出，將所得金額作為國防獻金，捐給政府。

　　在 1938 年（昭和 13 年）5 月 19 日第四版中，可以看到「金銀紙錢燒卻を　廢止しませう　無緣廟例祭を控へ　元長庄方委ら宣傳」的標題，內容敘述臺南州北港郡元長庄地區倡導停止燒金銀紙錢的習俗。在 1939 年（昭和 14 年）2 月 27 日第四版中，可以看到「善男信女殺到し　北港媽祖賑ふ　『燒金紙廢止』を強調」的標題，內容敘述各地的善男信女蜂擁至臺南州北港郡北港街的媽祖廟（今北港媽祖廟）朝拜，為提倡節約紙等重要資源，於是宣導民眾不要燒金紙、並在廟前豎立「國民總動員　燒金銀紙廢止」的看板。從上述的報導中，可以看到在當時日本政府透過警察以及當地文人團體等的手段，極力的推廣停止使用焚燒金銀紙錢的行為。

　　但是儘管日本政府大力的推廣舊有風俗的改革以及禁止，但是三百多年來的習俗畢竟是無法在短期內斷除，所以除了看到極力推廣禁燒紙錢的風俗以及推行效果良好……等類似於政令宣導的這些報導之外，卻也同時可以看到於 1940 年（昭和 15 年）5 月 23 日第三版中出現「金銀紙を燒き　鍾馗踊で鬼祓ひ　潮洲街　魔の明治橋畔で　時代逆行の大施餓鬼」這樣的標題，內容敘述在 1940 年 5 月 21 日時，在高雄州潮洲街的明治橋附近因為有

人在連續此地自殺,因此舉行了跳鍾馗、大施餓鬼、燒金銀紙等超度儀式,以求祓除不祥,然而這樣行為與當時極力倡導打破迷信、改善舊有風俗的潮流是有所抵觸的,因此使得當局以及有識者大為感嘆。

所以儘管日本政府當局不遺餘力運用各種手段希望革除燒金銀紙的風俗,但是民眾仍還是存有燒金銀紙的習俗,從相關的訪談資料(如:張懿仁於苗栗中港地區所進行金銀紙業者的口述訪談[46])以及本研究所進行的田野調查[47],皆顯示從日治時期初期乃至於二次大戰時皇民化運動時,儘管金銀紙錢的使用量以及製造量受到外在情勢的影響而有大幅消退的趨勢,但是臺灣人還是保有燒金銀紙錢的習俗。

---

[46] 張懿仁《金銀紙藝術》,苗栗:苗栗縣文化局,1996,頁 9~10。提到:儘管日本政府取締,業者還是偷偷製造與販賣,甚至因為紙張原料受到控制,而使用學生的作業簿用紙來製造金銀紙……在日治時期(約民國廿八年)日本政府實施「寺廟昇天」政策,廢棄宮廟,禁止迷信,金銀紙業大受影響。民國廿九年中港金銀紙從業人員減少三分之一,金銀紙的買賣不敢公開交易,全靠業者背著麻袋挨家挨戶偷偷的去行銷,被當地人戲稱為「麻袋部隊」。

[47] 筆者訪問臺南市米街以及錦利號兩家金銀紙店時,老闆皆表示金銀紙的製造受到皇民化、以及戰時物資的缺乏的影響,使得當時生產金銀紙錢困難重重。錦利號老闆黃錦堂先生表示:在 1940 年左右,因為物資缺乏,所有的金屬物資幾乎都徵調為戰爭使用,當時因為錫料短缺,所以改採用「金粉」、「銀粉」代替紙錢上的錫箔。而「金粉」乃是以銅、「銀粉」乃是以鋁,將兩種金屬磨碎,加上醬糊調製、金油,塗在金紙上代替錫箔。不過儘管如此,當時的人還是繼續使用這種替代紙錢,臺灣人對於燒金銀紙錢習俗的重視由此也可再度得到驗證。

三、國民政府時期（1945之後）

　　二次大戰之後，臺灣的金銀紙業不再受到政府的限制，原先在日治時期受到政治力限制發展的金銀紙業也因而再度的蓬勃興起，而在戰時受美軍轟炸的破壞、以及因戰時物資缺乏所導致的工商業蕭條，也在局勢穩定之後，漸漸重新發展，臺灣的金銀紙製造業也在此時可以說達到一段生產的全盛時期。

　　根據資料[48]可知在1949年到1951年間，臺灣的紙業生產量已經漸漸恢復到戰前的最高水準，而且其中以稻草、竹漿為原料的紙廠其所製作的紙張，主要是用來製作神紙（金銀紙錢）。利用稻草造紙的廠家多半是產米區的小廠，多以產製黃紙板以及祭祀用紙為多；產竹的地區主要分佈在南投、嘉義、新竹、臺北等地，不過因為竹子的採集收購較其他纖維原料更為繁瑣加上價格亦不便宜，所以已經少有紙廠大量採用竹材做為原料，故此種竹紙品多半是以產製金銀紙錢的用紙為大宗。

　　所以在討論臺灣金銀紙產業的發展狀況時，同時也須提及關於金銀紙業所需的竹紙的生產方式。竹紙的製作，大致上可以分為古法與新法，古法大致是在清代以及日治時代前期所使用。古法乃是將採集到的竹子剖為幾片，並放置入稱為「斛」的水池，並於鋪放好的竹子之上以樹皮或是樹葉覆蓋，並以石頭重壓、加灌石灰水，待經過70天之後，排除污水、洗滌竹子，之後再次重複上述作法，待竹子完全腐蝕之後，取出後以石輪、人力依不同紙張品質的要求搗碎竹子，使竹子纖維成為類似棉狀，再移入紙槽之中，剔除不適於製紙的硬質纖維，之後便以將竹簾漉紙，

---

[48] 臺灣省文獻會《重修臺灣省通志》卷四經濟志工業篇，1998，頁833、846~847。

而後再除去紙中水分，經過日光乾燥、裁切即可，而金銀紙錢所用的竹紙主要是竹紙中的大粗紙。[49]

　　戰後則因為機械的漸漸普及與使用，也使得傳統的竹紙製造方式有了轉變，而新式的製造竹紙的方式在打漿與抄紙的過程中，是以機械代替人工，抄成的紙張也是以日光乾燥，再以機械裁切整型，因為使用機械代替人工，所以生產量倍增。[50]機械化的生產不但改變了竹紙的製作過程以及降低製作成品之外，同時機械化的製作方式也漸漸的改變原先製作金銀紙錢的方式法，以機械代替人工的生產方式使得金銀紙錢的製作成本大幅下降，甚至於 1970、1990 年代，臺灣的金銀紙錢還曾大量外銷到新馬地區、東南亞等區，提供當地華人之需[51]。

　　目前除了可以找到上述對於做為紙錢原料的竹紙製造方式的改變記錄之外，關於金銀紙錢業戰後的發展狀況，由於相關統計以及文獻的缺乏，所以無法獲得如同日治時期所進行細分出金銀紙錢業調查的詳細資料，此外相關的工會組織也大約須至 1970 年代才開始成立，故關於戰後臺灣金銀紙產業的發展狀況，本研究便以藉由其他資料呈現戰後（1949 年）至 1970 年代間的金銀紙產業發展情況，於是採取吳奐儀在探討苗栗中港地區地方空間

---

[49] 臺灣慣習研究會，《臺灣慣習記事中譯本》第二卷上冊，臺灣省文獻會，頁 168~169。文中並附有竹紙製造所以及桂竹林的圖片。

[50] 同註 48，頁 846~847。

[51] 吳奐儀《金銀紙業對苗栗中港地區地方空間的發展與影響》，國立臺灣大學建築與城鄉研究所，碩士論文，1999，頁 59~61。另外，張懿仁在《金銀紙藝術》中也提到：民國六十六年前後，中港金銀紙製造工廠大小共計三百八十五家，竹南鎮大約另外有四分之一的人口以此為主業或副業。除內銷島內外，還外銷香港等東南亞各國以及美日僑界。

金銀紙業發展的研究方法，以戰後寺廟數目統計資料來推估，運用寺廟對金銀紙錢的需求關係，進而估計出當時金銀紙產業的況狀。從莊芳榮的《臺灣地區寺廟發展之研究》資料可得知，在宗教儀式中會焚燒金銀紙錢的道教廟宇以及佛道教混合寺廟而言，道教寺廟從 1954 年（民國 43 年）有 1312 座寺廟，增加至 1985 年（民國 74 年）的 7116 座寺廟、道教混合寺廟從 1954 年（民國 43 年）有 2731 座寺廟、增加至 1985 年（民國 74 年）的 10377 座寺廟[52]，以這樣快速的增加狀態，不難想見當時金銀紙錢需要量將隨之大幅增加，所以從戰後臺灣宗教活動的蓬勃發展，也可以想見當時金銀紙業的興盛狀況。另外，1985 年（民國 74 年）、1988 年之後所興起的大家樂、六合彩的賭博風潮，因為簽賭民眾紛紛前往所相信靈驗的寺廟、處所祈求賭博中獎、獲取明牌的原因，也使得當時對於金銀紙錢的需求有大幅度的增加，根據本研究的口述訪談，不少業者[53]都表示當時可以稱為臺灣金銀紙錢產業的一個高峰。

---

[52] 莊芳榮《臺灣地區寺廟發展之研究》南天書局，1995，頁 147~148、151~152。

[53] 當時因為需求量增加，本研究所訪問到的業者表示金銀紙錢的銷路在當時大幅提高、工廠常常要趕工，本研究所訪問的臺南市雙銘號老闆娘顏太太（2004 年 6 月 14 日）即表示，當時常常要加工到半夜才有辦法來得及出貨，到了目前的情況，不需要天天製造紙錢也可以足夠供應市場所需量。不過對於寺廟而言，儘管金銀紙錢的銷售量在那段時間有增加，但是根據廟方人員（如玉皇宮的張先生）表示：大部分是因為那時候臺灣人民的經濟水準普遍提升，所以才會花較多前購買金紙，至於因為大家樂、六合彩等賭博風潮而使紙錢銷售量增加的情況，則是多在應公廟、陰廟出現，並且會是以銀紙的銷售增加為主，一般的「正廟」金銀紙錢的銷售量並沒有如此的龐大。

　　但是必須要注意的部分是金銀紙產業在戰後並非全然沒有受到政治力的干涉，在戰後國民政府所推行的「新生活運動」中就有破除迷信的宣傳口號，對於臺灣民眾祭拜鬼神時所墳燒金銀紙錢的傳統舊慣俗也有所改革的呼籲，只是不如日本殖民政府這樣的明顯，另外根據本研究的口述訪談[54]以及相關的資料（如：張懿仁於《金銀紙藝術》中的記載）在 1996 年（民國 85 年）年左右，臺灣省政府曾經發出公文，提出減少金銀紙錢燒化量、避免浪費資源的概念，希望各縣市政府能夠配合宣導使用「大面額金銀紙」或是「支票」、「金融卡」、「信用卡」等的新式金銀紙，以減少焚燒金銀紙錢的情況，然而這樣的政令卻幾乎無法推行，不僅民間因為長久以來的傳統觀念使然，無法接受這些無法認同的金銀紙，同時連相關學者也認為政府所設計推廣的「金融卡」、「信用卡」型的金銀紙在學理上是有問題的[55]。

　　另外在 1970 年之後，臺灣因為整體經濟環境的改變、環保意識的抬頭……等因素，臺灣的金銀紙錢製造業如同臺灣其他以勞力密集為主的製造業所面臨到的問題相同，在國內人力成本增

---

[54] 玉皇宮金紙部的張先生、米街金銀紙店的黃先生、錦利號金銀紙店的黃先生在筆者進行訪談時，都提到他們儘管收到市政府要求配合的公文，但是一般民眾並沒有辦法接受這樣的紙錢，也不認為焚燒這種紙錢可以在神界以及陰間流通使用，所以實施一段時間之後，還是幾乎沒有任何的成效，因此宣告失敗。

[55] 卞鳳奎記錄〈臺北香燭金紙業個別訪問錄〉《臺北文獻》，第 112 期，1995，頁 11~13。在文中的座談會中，訪問臺灣省立博物館人類組的阮昌銳教授關於是否贊成以信用卡取代金銀紙的看法時，阮昌銳教授表示：「祭拜神明祖先為了表示崇敬，不論焚燒何物，皆得有其象徵意義，若以金融卡取代，無存款如何提款呢？這樣就失去了其意義。」

加之後，如果繼續在臺灣生產金銀紙錢往往無法與由國外進口的
金銀紙錢競爭，因此目前除能以較高價格賣出的紙錢（如一些特
別標明是臺灣製造的紙錢）之外，有很大部分的金銀紙錢製造商
都已經轉型成為在國外設廠製造金銀紙錢，甚至成為金銀紙錢的
進口貿易業者。從其他的資料也顯示以臺南縣的金銀紙錢製造情
況而言，在 1980 年左右，臺南縣大約還有 30 幾家手工製造的金
銀紙業者，但是因為人工成本的增加、以及其他成本的上漲以及
在價格上無法與國外進口紙錢競爭的關係，連帶使得這些製造業
者紛紛歇業[56]。根據 1998 年（民國 87 年）的資料，臺灣金銀紙
錢的製造工廠大約僅剩一百多家，又以中南部的山區為多，大部
分集中在高雄、臺南、嘉義、竹山、竹南等地，不過這些工廠多
半是家庭式的小規模經營，不一定都有參加公會，所以較無法精
準的統計家數以及生產量[57]。不過可以確定的是，以目前的情況
而言，臺灣的金銀紙錢產業已經無法與之前的繁榮景況相提並
論。

第三節　金銀紙在信仰中的角色地位

---

[56] 涂順從《南瀛產業誌》，臺南縣新營市：南縣文化，1997，頁 200~202。
而筆者在訪問臺南市錦利號老闆黃烈堂先生時，他表示：因為成本上
漲（工資、物料、錫箔、紙張、藺草）的問題，從國外進口紙錢的成
本較國內製作少了 2/3，因此漸漸的使得臺灣的紙錢業者漸漸改採用
進口紙錢。

[57] 臺灣省文獻會《重修臺灣省通志》卷四經濟志工業篇，1998，頁 869。

一、金銀紙錢與歲時節令

漢人跟據累積幾千年的經驗、經過多次的修訂，進而制訂出一套能夠配合農業社會的生活曆法，在漢人所制訂這種稱為「農曆」的曆法中分有二十四節氣，在不同的歲時節令中，各有其所依循舉辦的活動，既是人們工作的計畫表，亦是休閒娛樂時間的安排。而金銀錢既然是自中國長久以來所流傳使用的祭祀物品自然與漢人的日常生活會有緊密的連結。

金銀紙錢的使用從中國隨著漢人的移民而流傳至臺灣，若要討論金銀紙錢在臺灣民間信仰中所扮演的角色地位，則可以試著從相關的資料瞭解，在清代文獻中關於臺灣民眾在何種情況、何種宗教信仰活動以及場合中使用金銀紙錢，在前述第二節的部分已經提到在《臺灣縣志》、《臺灣旅行記》、《福建通志臺灣府》、《重修福建臺灣府志》、《重修鳳山縣志》這些文獻中所提到關於臺灣人使用金銀紙錢的情況，本節並再從文獻中關於臺南地區之使用習慣進一步分析金銀紙錢在漢人日常生活中的應用範圍以及其地位。

根據《安平縣雜記》所記載：「正月元旦，……自子刻起，至卯刻止，開門焚香點燈竹燒紙」、「初四日，寺廟及人家備牲禮燒紙放爆竹以祀神。名曰接神。初三晚，先焚黃紙，印幡幢輿馬儀從，一張於庭。名曰雲馬總馬。」[58]「初九日，玉皇上帝誕，……家家焚香、點燈燭、放爆竹，燒尺楮以祝壽……紙糊玉皇帝闕一座俗名天公紙[59]。……」、「十三日，關帝君誕，各鋪戶均備牲

---

[58] 臺灣銀行經濟研究室編《安平縣雜記》，臺灣銀行經濟研究室編，1959[1895]，頁 1。

[59] 文中所謂的燒尺楮所指應是「天金」、「尺金」，另外文中所稱為天公

禮、燒紙以祝」、「十五日，上元佳節，天官大帝誕…紙糊三官
帝闕三座（俗名三界紙。…）儉約之家不用道士，備撰盒燒紙而
已…」[60]可以得知從農曆元旦漢人通常會準備拜神明以及祭拜祖
先的紙錢；到農曆元月初四時，因為是漢人在農曆十二月二十四
日送神日將神明送回天庭之後，到農曆正月初四時便是屬於迎接
神明下凡的「接神日」因此每年到達此日時，民眾便會燒化金紙
以及總馬雲馬錢來迎接神明[61]；正月初九時是玉皇上帝的誕辰，
在臺灣俗稱「天公生」的日子，因此便準備並燒化；正月十三日、
正月十五日則分別是關聖帝君、天官大帝的誕辰，民眾同樣也準
備金紙來祭祀神明。

　　另外，到二月份時，文中記載著「初三，文昌誕。各社文會
及里塾學徒均供饌盒燒紙慶祝」、在三月時，「……清明日，大
凡二三兩月，南北紙錢四處飛颺……」[62]，所以可知二月初三文
昌帝君誕辰時，深受科舉考試影響的讀書人以及學子們同樣會燒
化金紙、敬獻給文昌帝君。而到了清明時節，由於漢人對於祖先
的重視，自然會將其認為在不可見世界中可以流通的紙錢燒化給
祖先，因此每到清明時節左右，臺灣地區不論南北部皆可以看到
處處焚燒紙錢、紙錢灰燼處處飛揚的情景。

　　紙的紙糊玉皇帝闕，筆者認為應就是指今日拜天公所用的「天公座」
　　或是所稱的「燈座」的紙紮。
[60]　同註 58，頁 2。
[61]　目前根據本研究的訪談，目前臺南市的習俗在十二月二十四日、正月
　　初四送神、接神時會使用雲馬總馬，但是同樣也觀察到有些民眾會使
　　用「甲馬」（為一種黃色沒有貼上錫箔的紙張紙上印有盔甲、弓刀、
　　馬匹的紙錢）。
[62]　清（光緒 21 年 1895）《安平縣雜記》，臺灣銀行經濟研究室編，頁 3。

　　而在根據《安平縣雜記》中的記錄，到農曆五月時，「五月五日，用楮錢送於路旁，曰：『送蚊』」[63]可知在端午節時也會焚燒紙錢。到農曆七月時「就城內而論自七月初一起，至三十日止，普渡者相續不絕。舉燒紙一款言之，所燒之紙，有值十金、八金者；至貧之家所燒紙幣，亦值金數角。相習成風，毫無吝惜。」[64]從文中可知，府城地區於農曆七月家家戶戶參與普渡的勝況，並可知府城地區的普渡活動並不是單在七月十五日中元節所舉行，而幾乎是在整個七月份都有普渡的活動。

　　而後在農曆十月份的下元節，「十月十五日，下元水官誕，人多備饌盒、燒紙慶祝。」亦可以見到在水官大帝誕辰之時，府城民眾同樣焚燒紙錢表達對水官大帝的敬意。之後在十一月份，「十一月初四，孔子誕，里塾均備饌盒、燒紙叩祝」[65]當時在祭祀孔子時，也會焚燒紙錢。十二月份時，「二十四日，各處寺廟與人家，均備茶果牲禮，買紙印幡幢輿馬儀從一張，焚而送之，名曰『送神』」、「除夕之日……亥刻，祀竈，供甜料，點燭，焚香，燒紙……」[66]，在接近一年尾聲的送神日以及除夕，府城的民眾也會焚燒金紙及雲馬總馬[67]以送神明返回天庭。

---

[63]　同註 62，頁 13。

[64]　同註 62，頁 6。

[65]　同註 62，頁 6。

[66]　同註 62，頁 8。

[67]　「雲馬總馬」與「甲馬」兩種紙錢，因為紙面上的圖案相似，加上都有是「神明兵馬」的意義，所以在本研究的田調過程以及相關文獻資料的記載中，何者是送神用、何者是接神用，都有各種說法，所以無法完全的肯定何者為正確，而本研究的訪談對象則大部分表示，臺南市在送神的時候使用「雲馬總馬」、接神的時候使用「甲馬」。

　　關於金銀紙錢在漢人日常生活中會使用的歲時節令以及場合，茲將上述文獻中的記載及李秀娥《祭天祀地》、徐福全《臺灣民間祭祀禮儀》書中記載，並配合筆者於臺南的田調訪談的結果製成下表呈現：

表2-3 金紙紙錢在歲時節令中的使用

日期	祭祀對象	用紙	附註
正月初一	神明	金紙	本處以金紙代稱包含不同神明使用的不同種類金紙
	祖先	銀紙	
正月初四	所有神明	金紙、雲馬總馬	本處以金紙代稱包含不同神明使用的不同種類金紙
正月初五	財神	壽金	正月初五是五路神的誕辰。初五至二十日，是商家選擇開張的佳期。
正月初九	玉皇上帝	天公金、天金、尺金	
正月十三	關聖帝君	壽金	
正月十五（上元節）	天官大帝	天公金（三太極）、天金、尺金	正月十五是天官大帝誕辰
	祖先	銀紙	上元節亦是元宵節，故民眾也會祭拜祖先
二月初二	土地公	壽金	這天也稱為「頭牙」，是民眾認為福德正神一年中的第一個誕辰，商家會在此日祭拜土地公以求一年生意興隆。
	地基主	銀紙	

清明節	祖先	銀紙、墓紙	目前祭拜祖先時也有民眾會再使用往生錢。
	后土	壽金	祭拜看管墳地的后土
五月初五（端午節）	神明	壽金	
	祖先	銀紙	
七月初七（七夕）	七娘媽、床母	壽金、床母衣	
七月十五（中元節）	地官大帝	天公金（三太極）、壽金	七月十五是地官大帝誕辰
	好兄弟（孤魂）	銀紙、經衣	目前普渡時也有民眾會再使用稱為「往生錢」或「普渡金」的新式紙錢。
八月十五（中秋節）	土地公	壽金	1.八月十五是民眾認為福德正神一年中的第二個誕辰。務農的民眾，還會準備稱為「土地公拐」以竹子夾著壽金插在田邊，請土地公多照顧農作的收成。2.現在有民眾會燒化稱為「土地公金」的新式紙錢。
	太陰娘娘	壽金	太陰娘娘乃俗稱的「月娘」
	祖先	銀紙	
九月初九（重陽節）	祖先	銀紙	因以前生活物資欠缺，無法為祖先分別舉行忌日，於是統一在重陽節祭拜。

十月十五 （下元節）	水官大帝	天公金（三太極）、壽金	上元節、中元節、下元節一般民眾都稱為「三界公生」。
冬至	神明	壽金	
	祖先	銀紙	
十二月十六 （尾牙）	土地公	壽金	
	地基主	銀紙	祭祀土地公的供桌會擺在土地公神為前，祭拜地基主的供桌會設在門口或後門處面向屋內拜。
十二月二十四 （送神）	神明	壽金、雲馬總馬	
除夕	神明	金紙	本處以金紙代稱包含不同神明使用的不同種類金紙
	祖先	銀紙	

資料來源：
《安平縣雜記》、李秀娥《祭天祀地》、徐福全《臺灣民間祭祀禮儀》及本研究田調資料

二、金銀紙錢與生命禮儀

　　人類如同世界上的其他萬物，也會經歷生老病死不同的階段，而在生命歷程中也無法避免的遇到許多無法預期到病痛或是意外，因此如果人們為了順利平安的渡過這些災難與疾病，以及在心靈上滿足一種對於渡過這些生命階段的期望或是對於平安渡過這些生命階段的慶祝，因此而發展出一套生命禮俗，讓整體社會能夠按照這樣的一些習俗規定來運作，而這些人類學家稱為

是「通過儀式」的行為習俗，則幫助當事者以及其親朋好友能有所遵循，既穩定了個人以及群體的秩序，亦協助社會達到一個均衡的狀態。茲將文獻中以及所調查到資料，將漢人幾個重要的生命歷程以及在這些生命禮儀中所會用到的紙錢說明如下：

（一）出生儀式

漢人對於一個新生命的來臨，乃是從婦女準備懷孕之前就開始，在臺灣人的信仰觀念中，陽世間的每一個人都有其在陰間對應的植物，男性是一棵樹，女性是一叢花，所以有些不易懷孕或是身體不好的婦女，便會請法師作「梗花叢」、「祭流蝦」的法事，幫忙照顧好婦女在陰間的花叢、制化會使婦女流產的「流蝦」關煞，甚至某些婦女希望自己能夠生男孩或女孩的話，也會請法師進行「移花換斗」的法事，讓婦女能夠生出其所希望性別的小孩；待小孩順利平安出生之後，會依時間舉行「三朝」、「滿月、「作四月日」、「週歲」、「掛絭」的儀式；另外臺灣民間信仰中相信拜註生娘娘以及床母是專司負責照顧婦女以及小孩的神明，因此在懷孕前、中、後期乃至於小孩出生未成年之前，都會前往祭拜註生娘娘以及床母。

在此根據文獻資料以及茲所採集到的訪談資料，將小孩出生之後，所舉行的生命禮儀以及當時所需用到的金銀紙錢、說明如下：

1.三朝：臺灣人在嬰兒剛出生時，前三天並不用水洗，而是以麻油擦洗身體，在用父親的舊衣服包裹嬰兒，直到第三天才正式為嬰兒洗澡，並準備相關供品秉告神明、床母及祖先，祈求祂們日後對孩子的繼續庇祐，稱之為「三朝」。所以在拜神明的時候，用壽金。拜祖先用銀紙。拜床母用床母衣。

2.**滿月**：當小孩出生滿一個月時，臺灣人會選擇在中午前，祭拜神明跟祖先。拜神明的時候，用壽金。拜祖先用銀紙。

3.**作四月日**：小孩出生滿四個月時，約在中午前，祭拜神明跟祖先。拜神明的時候，用壽金。拜祖先用銀紙。

4.**週歲**：待小孩出生滿一年時，約在接近中午前，祭拜神明跟祖先。拜神明的時候，用壽金。拜祖先用銀紙。

5.**掛絭**：在小孩出生後，父母親會在七娘媽誕辰時，或向其他神明祈求保佑小孩平安的絭牌來掛，會以紅線繫在孩子的脖子或手腕上，稱做「掛絭」。所以當神明生日時，會再換上新的紅絲線或是新的絭牌，稱為「換絭」。待小孩子滿十六歲時，在於神明誕辰時卸掉絭牌，稱為「脫絭」。祭拜床母以及七娘媽時，除了壽金還會加上床母衣（臺南地區還使用花腳庫、花腳錢），祭拜其他神明則使用壽金。

（二）成年儀式

　　在臺南人的觀念中，等到小孩滿十六歲之後，則需要在七夕之日舉行「作十六歲」的儀式，也就是所謂的「成年禮」。舉行這種儀式則表示小孩子已經成年，不再需要七娘媽以及床母的保護，因此為了感謝神明長久以來照顧，在這一天會焚燒壽金、床母衣、感謝神明，同時通過這樣一個儀式，宣告小孩已經成年。下面將「作十六歲」以及有些民眾會「謝天公」的成年儀式解釋如下：

1.**作十六歲**：依臺南人的習慣，小孩只要年滿十六歲，就會被視為大人，所以當孩子受到神明的庇祐長到滿十六歲時，家長就會帶孩子準備相關的供品，感謝神明多年來的照顧，並舉行「作十六歲」的儀式。祭拜七娘媽時，主要是以床母衣、壽金（臺

南地區會再多加上花腳庫或花腳錢）。祭拜其他神明則使用壽
金。

2.謝天公：某些家長在孩子出生後身體不適或較難養育時，向玉
　皇上帝（天公）和三界神明許願，當孩子能平安順利長大時，
　會再來答謝神明。所以當孩子年滿十六歲後，便會選定吉時延
　請道士、準備供品，向眾神明祝禱，感謝神明的護佑。而此時
　獻給天公的主要是天公金，包括壽金、黃高錢（長錢）等，其
　中高錢則會撕開拉成長條狀，掛於頂桌旁的甘蔗上、或是掛於
　全羊上、全豬上。[68]

（三）婚姻儀式

　　當小孩順利長大成人，準備結婚、嫁娶時，便需要祭拜神明
並告知祖先結婚的喜事，同時並祈求神明賜福，此外在新人當天
進房後，倆人還要祭拜床母，以求婚姻和諧；新婦嫁入後三天，
得舉行「拜神」儀式，祭拜夫家的神明祖先，表示已經算是夫家
之人[69]。關於結婚儀式中的各步驟所需使用的金銀紙錢，說明如
下：

1.定盟（小聘）暨完聘（大聘）：女方以一份天公金、壽金來祭
　拜神明。一份銀紙來祭拜祖先。男方則以女方退回的另一份來
　祭拜家中的神明和祖先。

---

[68] 李秀娥《祭天祀地》，臺北縣蘆洲市：博揚文化，1999，頁 87~97。
　　本研究田調訪談臺南市臨水夫人廟林小姐、臺南市興泉府林俊輝道
　　長、林桂桐法師。
[69] 另一種臺灣社會亦有的「冥婚」形式，屬於人和鬼或是鬼和鬼之間的
　　婚姻結合，因為更需要舉行許多的祭祀來作為溝通、聯絡、祈福，所
　　以也免不了使用金銀紙。

2.結婚謝天公：在準備結婚前夕，曾經向天公許願，保佑其順利
平安長大的民眾會請道士詠誦疏文，以及準備豐盛的供品，正
式向玉皇上帝及三界眾神明祝禱，感謝多年來的護佑平安，此
即俗稱的「結婚謝天公」。獻給天公的主要是天公金，包括壽
金、黃高錢[70]。

3.拜堂：男方迎娶女方返回後，新娘被引導進入男方的大廳，由
男方的長輩或母舅主持「拜堂」的儀式，亦即入門敬拜男方的
神明和列祖列宗，以及叩拜男方的父母，敬告神明與祖先從此
家中添了一位媳婦的喜訊。此時敬神用天公金、壽金來祭拜神
明。祭拜祖先用份銀紙。[71]

（四）祭改、補運儀式

在漢人的民間俗信中，認為人一生中，常常難免會遇到許許
多多不順利的事情，而這些不順利的事情通常是因為稱之為「厄」
或「關煞」的影響而發生，為了避免我們所不希望發生在自己身
上的這些惡運，所以有些民眾會請法師來作法事或舉行制化關煞
的儀式，以消除掉著些不好的噩運，甚至可能還會希望藉由法事
的舉行，替自己帶來好運、或是彌補自己的壞運氣。

一旦舉行法事也就缺少不了金銀紙錢的使用。例如：若當年
生肖犯「天狗」關煞的民眾，會於新年期間至廟宇或法師、道士
處，舉行制化「天狗」關煞的祭改儀式，所以除了請求神明幫助

---

[70] 根據臺南市開基預皇宮所列的「結婚祭拜天公敬品表」中所列：既拜
天公時，金紙以太極金（天公金）、壽金、財庫金…等酌量即可。文
中並提到若準備帶尾甘蔗，其上必須附黃色的高錢。

[71] 李秀娥《祭天祀地》。臺北縣蘆洲市：博揚文化，1999，頁98~106。

度過關煞厄運而焚燒天公金、壽金……等金紙之外，有時候也會焚燒印有天狗圖案的「天狗錢」，用以制化天狗。而其他如犯「四季關」（屬小兒關煞：小孩子季節更替容易生病感冒）、「咸池」（桃花煞）、「劫煞」（無法聚財）、「多厄」（多災多厄，命運乖桀）……等共有一百零八種人們可能沖犯到的關煞，以前也各有其所制化關煞時可能需要配合使用的「外方紙」[72]。至於在制化關煞的祭改儀式以及民間補運儀式中所會用到的紙錢，由於總類較為複雜，故本部分待後面第三章部分時，再以臺南地區的祭改儀式中所用到的各種紙錢為例，詳細說明之。

（五）喪葬儀式

　　因為漢人相信，人死後儘管肉體已經死亡，但是靈魂依然存在於另一個世界，而且這些存在陰間的靈魂並不是與陽世間全然無關連，如果這些亡靈沒有得到應有的照顧以及重視，甚至會影響到陽世間的後代子孫。因此，在往生者過世之後，每一個對於往生者所舉行的步驟無非是希望往生者能夠順利的通過輪迴、免於在陰間受苦，同時也讓陽世間尚在的後人能夠減輕悲傷、安心送走往生者。所以在入殮時，還可以看到法師會用銀紙在家屬前胸、後背各劃三下，代表陽世人的病痛凶厄已經由往生者所一併帶走。而法師所進行的各種法事，則主要是替往生者減輕業障，積功德使其能夠順利投胎為主。在《安平縣雜記》的記載：「喪禮：……凡做旬，延僧道禮佛，焚金楮，名曰『做功德還庫錢』。俗謂人初生，欠陰庫錢，死必還之……」[73]所以可以知道經由法

---

[72] 張懿仁《金銀紙藝術》，苗栗縣文化局，1996，頁 58。

[73] 不具名《安平縣雜記》，臺灣銀行經濟研究室編，1957[1895]，頁 11。

師所進行法事乃是替往生者償還投胎前向地府十二庫官所借貸之款，讓往生者可已順利得超生。另外如在「打城」、「牽轍」、「走赦馬」……等法事中也都會使用到金銀紙錢，這一部份同樣留待後面第三章部分在做紙錢的做詳細說明。不僅僅是對「往生者」進行法事時需要用到紙錢，再將往生者埋葬後一定時間所舉行的「撿骨」時，在祭祀時同樣也會金銀紙。茲將在喪葬儀式中所會用到紙錢的其他儀式列明如下：

1. 燒腳尾錢：死者臨終時，家屬便會燒銀紙、往生錢。有的家屬會燒「腳尾轎」給死者，據民間說法是可以讓往生者作為沿途的買路錢以及給牛頭馬面的費用。

2. 接板（接棺）：當棺木運到家後，由喪家的子女或媳婦在門外跪接，稱為「接板」或是「接棺」。家屬會燒壽金拜土地公，燒銀紙祭拜往生者。接棺後，家人會進行「圍庫錢」的儀式，燒化「隨身庫錢」，作為為死者帶往陰間的錢。

3. 孝飯：當死者已經被裝入鋪著庫錢、銀紙以及生前用品的棺木，封棺大殮後，翌日家屬會為死者準備「孝飯」、又稱為「捧飯」，亦即對待死者的餐飲與生活作息彷如生前一般，於黎明後供盥洗用具、早餐、香、燒化銀紙，直到滿七日為止或是百日結束，才改為初一、十五晨昏各拜一次，直到對年才不再供膳祭拜。到了合爐之後，則依年節祭祀的方式。家屬通常會在一炷香後才燒化紙錢。

4. 作七：死者逝世之後，每七天為一次祭拜的重要日期。負責祭拜者的身份不同（有頭七、二七、三七、四七、五七、六七、七七或稱滿七），家屬會燒壽金拜土地公、祭拜往生者則燒化銀紙。

5. 作旬：原先死者於作七結束後，家屬會繼續「作旬」的祭拜，

每十天為一旬，共有四旬，用以祭拜四位判官，家屬燒銀紙祭拜。然現今多半有將「作旬」與「作七」視為相同，所以只「作七」不「作旬」。

而後的「家奠」、「公奠」、「出殯」、「安葬」、「火化」、「祀后土」、「返主」、「巡山」、「完墳」、「作百日」、「作對年」、「除靈」、「合爐」這些儀式中，都繼續會燒銀紙給往生者，如果需要祭祀后土就會再用到壽金。[74]所以前述可知，所以在傳統社會中漢人從懷孕、到出生、成長、長大成人的過程中及最後到死亡之後的各種生命儀式中裡，金銀紙的使用都不曾缺少，漢人與金銀紙錢之間不可忽視的密切關係以及在民間信仰中的重要性也就由此可見一斑。

---

[74] 李秀娥《祭天祀地》。臺北縣：博揚文化，1999，頁 107~125。
徐福全《祭天祀地》。新竹市：新竹社教館，1995，頁 56~75、212~232。

第三章

臺南市金銀紙錢的現況與種類

第一節 金銀紙店的紙錢種類與商店現況

一、臺南市的金銀紙店

根據本研究的訪談對象[1]表示，臺南市歷史較悠久的金銀紙店有米街、錦利號、王泉盈紙舖、新萬芳、楊順成、協益、和興、協利、宏元、崇利、大發、雙銘……等，而其中目前尚繼續營業以極具有代表性的，大部份分佈在靠近大天后的新美街以及靠近東嶽殿的民權路上，茲就上述兩地點所訪談具有代表性的店家來瞭解臺南市金銀紙店的創立以及經營過程。

（一）米街、錦利號

位於新美街，推估約在西元 1900 創立的「米街」金銀紙店，由臺南市人蔡茂先生於日治時代時創立經營，之後曾經因為日人皇民化運動以及第二次世界大戰的影響而短暫歇業過，而後由蔡茂先生的女兒黃蔡治女士繼續掌管營運，之後傳予其子黃烈堂先生、黃文賢先生經營。在二十年前（約 1980 年）時，黃文賢先生之兄黃烈堂先生，於臺南成功路另外經營「錦利號」金香紙店。目前米街金銀紙店由黃文賢先生及其子黃勤強先生共同經營。

米街金銀紙店在 1980 年左右（約民國 70 年）以前在臺南縣設有工廠，當時製作金銀紙錢的紙漿來源有竹山、梅山、竹崎、古坑、龍崎等地的紙漿廠。1980 年之後，因製紙廠廢水問題、工

---

[1] 根據筆者訪談米街老闆黃文賢先生、錦利號黃烈堂先生、永蘭馨盧太太、理事長楊清河先生而得知資料。

資增加因素使成本增加，所以開始將金銀紙加工廠外移至國外。米街並成立「中禾貿易公司」自越南、印尼、泰國、中國設廠進口金銀紙錢。因為米街為臺南市金銀紙錢的大批發商，供應臺南縣市大約 300 多家金銀紙店。其供應之金銀紙錢，經由本店或是其他批發零售商供應臺南市之大部分之廟宇。

　　錦利號目前則是臺南市少數繼續在製作金銀紙錢的店家[2]，不過目前也是因為成本的增加因素，已經改採輸入金紙半成品，而在臺南市內進行後續加工製造部分，關於臺南市金銀紙錢的製作方法，待第四章金銀紙錢的製造過程部分再作說明。

（二）新萬芳

　　位於民權路的「新萬芳」，推估約在西元 1940 創立，由目前老闆的父親郭萬利先生所創立，郭先生為臺南縣西港人，12 歲時到本店前身的金銀紙店當學徒，學習製作金銀紙錢以及製香，而後原先老闆的子女沒有打算接手經營，於是讓郭萬利先生 18 歲時接手改名為新萬芳。而後也曾受第二次世界大戰的影響而短暫歇業一陣子。目前由郭萬利先生的兒子郭清芳先生繼續掌管營運。

　　新萬芳在民國 70 年以前，與其他金銀紙店一樣，自行負責製作金銀紙錢以及銷售，但是同樣在 1980 年左右之後，開始因製紙廠廢水問題、工資增加因素使成本增加，所以開始將金銀紙加工廠外移至國外。目前新萬芳成立「新萬利實業有限公司」自

---

[2]　除了錦利號，目前在臺南市還有金銀紙加工製造的店家還有「永全金紙行」（以機械製造金銀紙，亦非傳統的手工貼箔的製造方法）、「楊順成」有在綁紙錢（將裁切好、尚未蓋印的紙錢，依指定張數細綁）。

中國設廠進口金銀紙錢。所進口的紙錢都是成品，已經沒有在臺南本地加工製作。

（三）雙銘行

「雙銘行」為目前臺南市唯一還在製作庫錢的金銀紙店，由目前老闆顏明傑先生的父親顏江海約於 1960 年所創立，顏江海先生為民權路的「新合發」金香舖老闆高商露的女婿，後來自行在民權路設立「雙明行」以及設立工廠「雙銘行」，目前民權路上的雙明行由顏明傑先生的弟弟顏明仁先生經營，而遷至府連東路的雙銘行則由顏明傑先生經營。

雙銘行乃是從顏江海先生所創立之後開始製作庫錢，以前主要是向紙廠訂購一定大小尺寸的之紙張之後，在進行後續的加工過程（手工計算張數、斬孔），之後再外包到下游的家庭代工完成糊貼外皮的工作。目則因為紙張製造技術的改變，使得舊式小型紙廠的生產成本相較之下高出新式紙廠許多，因此目前雙銘行乃是自行訂購原料紙再經由機器進行後續的加工動作，關於雙銘號製作庫錢的過程，帶第四章金銀紙錢的製造過程中再作說明。

（四）其他：榮元行、王泉盈紙舖

同樣位於新美街的王泉盈紙舖、榮元行本身皆並不是以生產金銀紙為主，但是其所販賣的俗稱「紙類」的商品乃是屬於金銀紙錢亦不可缺的「紙錢」部分。創立於清代（1888 年）由目前老闆王長春先生的祖父創立之王泉盈紙莊，是臺南地區第一家以祭拜神明版畫聞名的店家，以天公燈座、七娘媽亭等紙製印刷品以及生產庫錢、補運錢為其銷售產品，大約在民國 50 年左右才停止印刷生產，改由給印刷廠印製。因其曾經生產過庫錢，王長春

先生表示，庫錢上面必須要斬 12 孔才能算是庫錢，目前店內還保存著當時斬切庫錢時所需要斬刻出波浪型斬孔的刀具。不過目前同樣因為生產成本的增價以及大環境的改變，因此目前王泉盈紙舖主要是以經銷這些紙類產品為主，本身幾乎已經不再進行製作的工作。

　　另外也是位於新美街，由楊順添先生於 1960 年左右所創立的「榮元行」，目前由其子楊正端繼續經營，榮元行提供紙類中的外方紙、墓錢、高錢等販賣給其他金銀紙店（如米街所販賣的外方紙即是向榮元行所訂購），楊順添先生曾經先到「新麒麟」而後到「廣成」工作過，後來再自行出來開業，從事紙類生產[3]。以前榮元行曾與臺南市的委託製造商合作生產印刷紙類，不過當時已經採用膠版印刷而非木版印刷，而後所委託的製造商倒閉，故亦無法索回原有的印刷版保存。目前也是因為與其他紙店所遇到的情況一樣，在整體生產環境改變之後，改由直接向臺南縣的廠商購買外方紙的成品[4]。

　　榮元行目前主要是販售春聯跟鞭炮，另外也是臺南市「外方紙」的大供應商。因為其店為臺南市少數專門販賣「外方紙」的店家，且因一般民眾通常不會前來購買「外方紙」，所以主要的供應對象為其他金銀紙店或是寺廟或是道士、法師等。另外，由

---

[3]　從本研究的訪談發現到臺南市金銀紙業者之間常互有關係存在，比如說：錦利號老闆的母親乃是王泉盈老闆王長春先生的大嫂、源順的老闆王頭先生為王泉盈第一任老闆王年以之胞弟，而榮元行的前老闆楊順添先生曾經是「新麒麟」、「廣成」的員工，而「新協益」的老闆則也曾經是在榮元行工作過。

[4]　現在外方紙也有進口的，不過大約只有七八種，而且是以較暢銷的外方紙為主。

於臺灣其他地區販賣外方紙的店家並不多，所以也曾經接到基隆
地區的訂單。

二、金銀紙店的淡旺季

　　根據研究的田野調查訪談可知，金銀紙店銷售量的高低，與
歲時節令以及神靈誕辰有很大的關係，不過由於銷售金額的資料
是商家較不願意透露的部分，因此只能大致上訪問不同月份銷售
量的高低。以販賣金銀紙錢的店家來說，營運旺季大約是在每年
的農曆正月、六月、七月、十二月，營運淡季大約是每年農曆四
月、五月、九月，營運旺季的主要原因是農曆過年左右以及農曆
七月舉辦普渡活動時為最大量。另外，每個月的初一、初二、十
五、十六也因為商家會祭拜土地公、門口所以銷售量為增加。茲
將金銀紙店的每月銷售量依月份製圖如下：

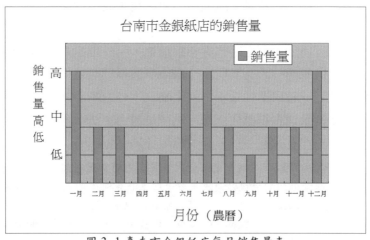

圖 3-1 臺南市金銀紙店每月銷售量表
資料來源：本研究訪談資料製圖

　　而不同於一般金銀紙店的每月銷售量，榮元、雙銘行等紙類的商家則表示，外方紙與庫錢的銷售量較沒有明顯的淡旺季，其主要影響銷售量高低的原因是與整體的經濟環境有關，例如在1980年（約民國70年）左右，外方紙的銷售量比較高，根據訪談店家的說法乃是因為當時的景氣好、加上當時大家樂盛行，民眾比較願意花較多的來進行各種法事，所以當時的銷售量是比較大。此外因為「外方紙」的總類繁多，每種用途都不相同，所以銷售量也不相同。一般來說以「甲馬」的銷路最大（因為每月初二、十六會用到，寺廟在「賞兵」的時候使用）。「雲馬總馬」則是在農曆十二月二十四日送神的時候銷售量最大。而銷售較少的如：「喪門錢」一年的販售量大約只有兩支（一支大約200張）

　　庫錢的銷售情況跟外方紙較相似，也是因為景氣好時，民眾比較願意花錢舉行法事，此外，以往由於醫療較不發達，每到年終過節時，常因天氣的變化使得大量的老人過世，因此訪談到的業者也表示，以往庫錢的銷售量在過年時也會大幅度的增加甚至導致庫錢嚴重缺貨，不過目前這樣的情況已經較少發生。

三、臺南市金銀紙店所供應的金銀紙種類

（一）金銀紙

　　臺南市所使用的金紙總類與臺灣中、北部有明顯的不同，在本研究的訪談以及田野調查過程中，可以發現到在相關文獻中所記載的「刈金」、「盆金」、「福金」、「粉金」…[5]這些金紙，

----

[5]　「福金」是臺灣中部的使用習慣例，新營以北才使用。另外在相關文獻中提到的「粉金」，在臺南地區也沒有使用的習慣。刈金大多是化

在臺南地區並沒有這樣的稱呼以及使用這些種類的金紙，訪談到的臺南市的金銀紙店業者也表示金銀紙錢這種東西，每個地方有每個地方的使用慣例，所以不能夠以單一個地方的使用習慣來套用到全臺灣各地的使用。因此本研究便設定的臺南市來作分析：

1.金紙

(1)天公金：大太極、二極、小太極（也稱三極或財了壽）

天公金的圖案大致相同，但依其紙張及錫箔大小為：大太極、二極、小太極。在一般的使用上，天公金都是燒化給位階較高的神明：如玉皇大帝（天公）、三界公、南北斗星君。觀察臺南市民眾的使用習慣，則認為大太極是敬送給玉皇大帝（天公）使用；二太極，敬送給三界公；三太極，敬送給南北斗星君。

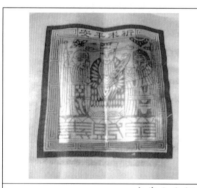

左為大太極　右為二太極

圖片 3-1 大太極與二太極

(2)天金　尺金

在分類跟價值上，天金的價值與尺金相同（但是天金與尺金

給土地公或是再敬給上神的時候，因為也要給其他的隨行神明所以也會使用刈金，是中部的使用慣例。

的圖案不同），而祭拜玉皇大帝時會使用，若在在祭改儀式中，會以「天金」、「尺金」加「壽金」合化，用來祭拜五斗星君[6]。

左為天金，右為尺金

圖片 3-2　天金與尺金

(3)壽金

壽金主要是獻給一般的神明使用，以是使用範圍最廣以及最通用的紙錢。所以在各種民間信仰儀式中常見到壽金的使用。壽金也可依其上面所貼的錫箔大小不同而可分為不同「刈」的壽金，例如：依錫箔大小為可分為 12 刈、18 刈……等的不同刈壽金，因此會有不同種類的壽金。此外壽金如果每一份的張數較多，每一份滿一百張足，則稱為「足百壽金」。

---

[6]　根據筆者採訪林俊輝道長口述，一般臺灣民間所稱的五斗星君，實際應共有六位星君：分別是東斗、南斗、西斗、北斗、中斗、斗母。

圖片 3-3 壽金

(4)九金、九銀

　　九金（小金、九刈金），用於祭祀土地公（或者后土），又稱為土地公金，位階小於壽金。在祭拜公媽或小神、有應公、百姓公、祖先，九金或九銀皆可使用。

圖片 3-4 九金

圖片 3-5 財神寶衣

(5)財神寶衣

　　目前在臺南市的某些廟宇還可以看到一種常包裹於壽金或是天庫、天錢外層，被稱為是「財神寶衣」的金紙，本研究訪談的對象有人表示是用來敬獻給天公當作天公金的金紙，或是作為

獻祭財神的金紙，但是根據業者表示[7]這種金紙主要有平安的意義，而且也認為裝飾性的意義可能大於使用意義。

2.銀紙

臺南地區與臺灣中北部不同，燒給陰間神靈、祭拜好兄的銀紙並沒有分大銀、小銀。銀紙都亦可稱為「吧平」，在臺南地區都稱為銀紙，若要嚴格區分，則業者表示「大銀」應該即是紙上的錫箔較「小銀」上的錫箔大，所代表的價值也較高，但是在祭拜好兄弟的時候，也是要視情況使用，並非都是使用代表價值較高的「大銀」較適合[8]。銀紙也可以依其上面所貼的錫箔大小不同而可分為不同「刈」的銀紙，例如：「川十　幼吧」也就是錫箔大小為 36 刈的銀紙，因此會有不同種類的銀紙。

(1)蓮花金、蓮花銀

在臺南地區，「蓮花銀」使用對象為祭拜祖先及親屬，供兒子、孫子、媳婦（家內人）祭拜父母、祖先作忌所燒化使用。「蓮花金」則是供出嫁女兒為祖先作忌或往生父母燒化專用。不過在臺南地區「蓮花銀」也有人改以大銀、九金來祭拜祖先，而且目前使用「蓮花銀」的人已經漸漸減少。本研究的受訪者表示以前還會在往生者入棺時，有幾個女兒就放幾支「蓮花金」，有幾個兒子就使用幾支的「蓮花銀」的習俗，但是目前此種習俗也已不再講究。

---

[7]　筆者訪談黃烈堂先生、王長春先生。另外從張懿仁《金銀紙藝術》頁43、頁 165 中所附的圖可以看出與臺南地區稱為財神寶衣財神的金紙極類似，但卻稱為是天地雙庫。

[8]　根據黃烈堂先生提到：「雖然大銀價值較高，但是在使用時，同樣的預算可以買到較多數量的小銀，而且在燒化給眾多好兄弟的時候，因為小銀張數較多反而比較好分配。」

圖片 3-6 蓮花金

(2)九銀

　　於祭拜祖先（公媽）或小神、有應公、百姓公、亡魂……等，訪談對象[9]表示，在臺南市的使用習慣裡，九金跟九銀經常一同使用的。

圖片 3-7 九銀

（二）紙類與其他

　　紙類與上述的金紙與銀紙錢最大的不同在於，在這些紙錢上

面並沒有貼有任何的錫箔，但是這些紙錢在漢人的信仰習俗中，仍然具有其可以流通在不可見世界的用途。茲將本研究在臺南所採集到的紙錢整理如下：

(1)天庫、天錢

「天庫」的外皮以紅色為主，用來獻祭給天官，也用來作為補運之用，臺南市民眾稱此種紙錢以及後面將提到的地庫、水庫皆稱為補運金。通常在祭改、補運的儀式以及祭拜玉皇上帝或是三官大帝的時候用到。而使用天庫的時候，都要搭配「天錢」使用，一套天庫就要搭配一套天錢使用。

圖片 3-8 天庫與天錢

(2)地庫、地錢

「地庫」的外皮以白色為主，獻祭對象是地官，也用來作為補運之用，臺南市民眾稱此種紙錢以及天庫、水庫為補運金。民間相信東嶽大地乃是掌管地府的地官，因此在東嶽殿可看到地庫、地錢的使用，通常在祭改、補運的儀式以及祭拜玉皇上帝或是三官大帝的時候用到。而使用地庫的時候，都要搭配「地錢」（地錢與天錢的外貌相似，但是天錢的紙張顏色為金黃色、地錢

的紙張顏色為淡黃接近米白色）使用，一套地庫就要搭配一套地錢使用。

左為地庫、右一為地錢（紙張偏米白色）
右二為天錢（紙張偏金黃色）

圖片 3-9 地庫、地錢與天錢

(3)水庫、水錢

　　「水庫」的外皮是藍色為主，用來獻祭給水官，也可用來作為補運之用，因此在祭拜水官大帝的廟宇中，遇到水官誕辰時，可以看到水庫搭配天庫、地庫以及水錢、天錢、地錢的使用，用來敬獻給水官大帝，另外在祭改、補運的儀式以及祭拜玉皇上帝、三官大帝的時候也會使用。民間認為「有庫就要有錢」，而使用水庫的時候，一樣都要搭配「水錢」使用，一套水庫就要搭配一水錢使用。而水錢如同天錢、地錢，其幣值較天庫、地庫、水庫低，當作小面額的零錢。

左一、左二為不同店家生產的水庫　右為水錢

圖片 3- 10 水庫與水錢

(4)庫錢

　　臺南市所使用的庫錢只有一種，並沒有文獻中以及其他地區

所區分的「公庫錢」及「私庫錢」。庫錢乃是供往生者、祖先、亡魂等在冥界使用的錢。在作旬的時候，亦寄庫、還庫、繳庫、填庫以及給使往生者作為「隨身庫」[10]的作法，關於庫錢的用法，待後面一節的部分再作說明。

圖片 3- 11 庫錢

[10] 臺灣各個地區對於隨身庫的使用觀念各不相同，臺南市的習俗乃是將未燒化的紙錢放入棺材中、置於往生者身邊，代表這些乃是由死者攜帶入陰間使用的庫錢。但是在鹿港地區的習俗則是要事先將這些庫錢燒化，而後收集庫錢灰燼放置入棺材，同樣擺放於往生者身邊。

(5)花腳庫、花腳錢

花腳庫、花腳庫，也人稱為「花仔庫」、「花仔錢」，主要是用於祭拜花公花婆使用，讓花公花婆能夠更妥善的照顧自己的花叢。另外，本研究的田調過程中也觀察到補運、祭改的儀式法事，通常會再使用花腳錢以及花腳庫[11]。

左為花腳錢，右為花腳庫

圖片 3-12 花腳錢與花腳庫

---

[11] 在張懿仁《金銀紙藝術》，苗栗：苗栗縣政府，1996，頁 79。提到：「花仔錢用於「栽花換斗」，也就是所謂的求子嗣。也可用於「探花叢」，具備補運的意義。另外民間相信，孩童的成長需要仰賴神明的庇護，包括註生娘娘、七娘媽、媽祖等女神；所以花仔錢也可作為神明衣料使用於女姓神明，為小孩補運，做為小孩的補運錢。」但是這樣的說法與本研究所採集到的臺南市金銀紙業者以及宗教執事人員的說法不同。

(6)買命錢

　　買命錢每一捲上面印有六枚古代的銅錢，每一小捆代表的價值是一百萬；一大捆代表的價值是一千萬（一共十小捆），燒化買命錢的目的，也就是希望藉著奉獻買命錢，能夠增加祭拜者的壽命。

圖片 3- 13　買命錢

(7)高錢

　　臺南市可以看到的高錢大致上可分為黃高錢、白高錢、五彩高錢。[12]其中黃高主要是獻給天公、天界諸神，也常用在喜事，如嫁娶時拜天公的時候用。使用時會把高錢撕開拉成長條狀，掛於頂桌旁的甘蔗上、或是掛於全羊上、全豬上，用以祈福謝神。白高錢則是用喪葬儀式或是法事，一般認為是「屬陰」的。[13]另外，五彩高錢乃是用在五營兵馬，五色代表東西南北中營，在寺廟的五營旗上上亦常可見到。

---

[12] 在相關文獻看到的「雙色高錢」，在本研究的田調以及訪談中得知，臺南地區並沒有使用。

[13] 李秀娥《祭天祀地》，臺北：博揚文化，1999，頁 87~97。本研究田調訪談臺南市臨水夫人廟林小姐、臺南市興泉府林俊輝道長、林桂桐法師。

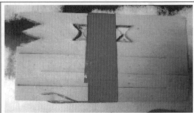

左為五彩高錢　右為黃高錢

圖片 3-14　五彩高錢與黃高錢

(7)床母衣

　　床母衣又稱「鳥母衣」、或「婆姐衣」，主要用來祭拜保護兒童的床母、註生娘娘及婆姐等神明，被當作衣料[14]使用。

(8)金古、白古

　　「金古」用於法事中道士、法師使用（用手指將金古捲成圓錐型，燒化），用於法事中調請神明兵將、或是有「過路」

圖片 3-15　床母衣

儀式程序的法事中使用時化掉，是具有買通關節意味的小錢，而白古則是可以用掃墓時拿來作為壓墓使用。

---

[14] 根據田調訪問王泉盈紙舖的老闆王長春先生表示，張懿仁《金銀紙藝術》頁127中所提及的「七娘媽衣」，是有誤的，正確的名稱應為「七娘媽」是用來祭拜的神像而非燒給七娘媽的衣服或是錢財。王泉盈紙舖以前也有生產此種類的的印刷品，還曾經送到法國參加展覽。「門神」也是本店的著名的印刷產品版畫。

左為金古（顏色偏黃）　右為白古（顏色偏白）

圖片 3-16 金古與白古

(9)金錢、白錢

　　金錢用於祭祀諸神的兵將，以及燒化給位階較低的動物神（如「虎爺」、馬使爺等）時使用，此外在臺南地區還會在燒金紙的時候附上金錢，根據田調訪談者玉皇宮的張先生表示，這些金錢除了可以助燃的功能之外，主要還是要燒化給「顧爐」的神明。而白錢則是如同金紙與金錢的關係，以往在燒銀紙的時候店家以及民眾在使用時也會附上白錢，但是目前因為習俗漸漸簡化，所以已經少見到這樣的情況，同時也因為金錢的成本比金古來得高（因為金錢上面要斬孔，必須多一道製作程序），所以也漸漸有許多店家改以金古代替金錢搭配金紙，而且白錢跟白古也常常混淆使用。

(10)更衣

　　更衣亦有人稱為「經衣」，用於祭祀孤魂野鬼、好兄弟，通常在七月中元普渡時及拜門口使用，一般認為這些紙上所印製的圖案（如衣服、日常生活用品）在燒化之後，可以在陰間讓好兄弟得到

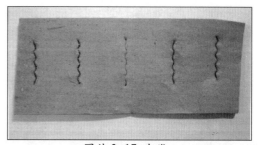

圖片 3-17 金錢

使用，而在臺南市在燒化更衣時常會配合白錢使用。

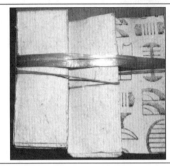

搭配好的一套更衣白錢

圖片 3- 18 更衣與白錢

(11)墓紙（五色紙）

　　墓紙並不燒化，主要是在清明節時，由祭拜的後代子孫以石頭等物壓在墳墓四周，除了有替祖先修墳的意義之外，也可表明墳墓有後人來照顧。

(12)冥用臺幣、美金紙鈔、金銀元寶

　　仿造成臺幣、美金紙鈔的

圖片 3- 19 墓紙

形式或是以金色或銀色箔紙折成金銀元寶造型的紙錢，皆是屬於冥用紙鈔。根據本研究的田調訪談者[15]皆表示這一類的紙錢的使用習慣主要是從中國上海等地以及香港的民眾所過傳來的，臺灣本地原先沒有這樣的紙錢，後來隨著國民政府來臺，臺灣的金銀

---

[15]　筆者訪問錦利號 黃烈堂先生、王泉盈紙莊 王長春先生時，兩人表示之意見。

紙店便依造顧客的要求而製造這些紙錢。不過金元寶現在也有人拿來敬獻給神明使用。

左為金元寶　右為冥用臺幣及美鈔

圖片 3- 20　金元寶、冥用臺幣及美鈔

(13)新式紙錢

至於目前在臺南市及金銀紙店中可以看到的「壽生錢」、「往生錢」、「大悲咒」、「財賜祈安經文」…等，這一部份的紙錢由於大部分都不是在臺南市所製造，再加上這些本研究歸類為新式紙錢的紙錢，已經有趨向全臺灣使用方式相同的情況，因此在此不作討論，待後面第五章的部分在做專論。

(14)外方紙

「外方紙」之所以稱為外方紙，外方的意思就是外方的兇神餓煞，因為要鎮外方就需要用外方紙來鎮壓。比如說要請白虎星離去，就需要用金紙、小三牲（生的）來祭拜白虎[16]。此外，跟

---

[16] 王長春先生表示：他曾經替有一位四十多歲無法生育的婦女作法事，經過依據曆法所推算出是因為「白虎」去咬到花叢，所以就需要祭送走白虎星，所以就需要在這個女生的床下，糊一個白虎一個花叢，然

據田調的訪談可知，外方紙原先配合 108 種關煞，所以應有 108
種外方紙，但是隨著時代的演變、簡化，目前臺南市所通行使用
的「外方紙」大約只剩 40 多種，其中榮元行供應 36 種，可說是
臺南市供應「外方紙」總類最齊全的店家。茲將榮元行所販賣的
外方紙呈現如下：

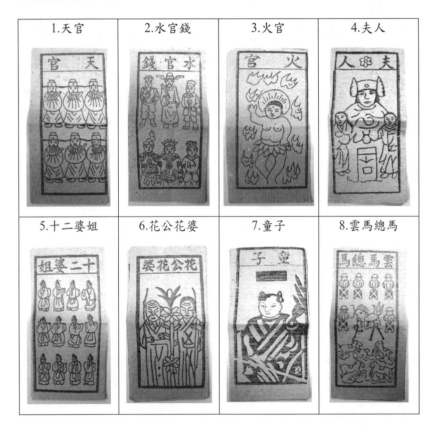

| 1.天官 | 2.水官錢 | 3.火官 | 4.夫人 |
| 5.十二婆姐 | 6.花公花婆 | 7.童子 | 8.雲馬總馬 |

後每天早上假裝澆花、餵白虎、燒白虎錢，拜託白虎星離開。

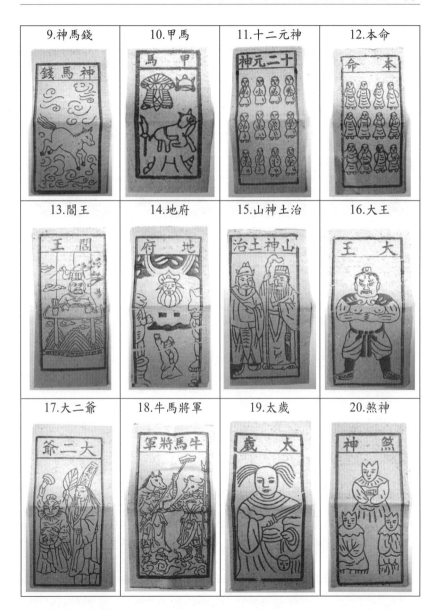

9.神馬錢	10.甲馬	11.十二元神	12.本命
13.閻王	14.地府	15.山神土治	16.大王
17.大二爺	18.牛馬將軍	19.太歲	20.煞神

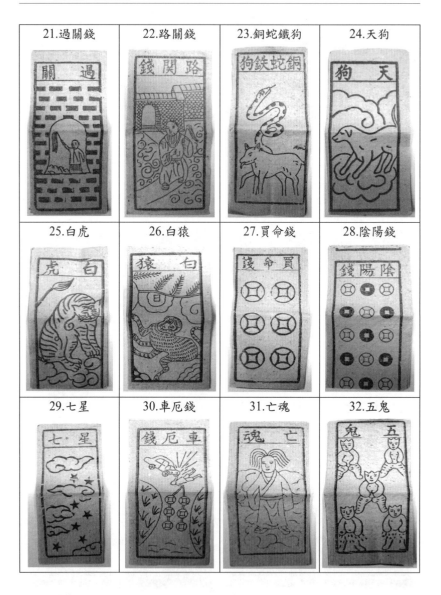

21.過關錢	22.路關錢	23.銅蛇鐵狗	24.天狗
25.白虎	26.白猿	27.買命錢	28.陰陽錢
29.七星	30.車厄錢	31.亡魂	32.五鬼

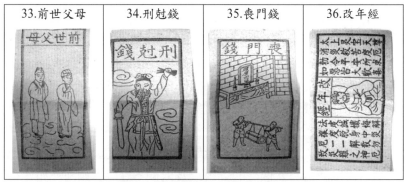

圖片 3- 21 臺南市榮元行販賣的的外方紙
資料來源：筆者採集於臺南市榮元行 2004 年 4 月 14 日

　　關於外方紙的使用，已經有有張懿仁在其所著的《金銀紙藝術》一書中做過詳細的介紹，但是由於其所採訪調查的地點在苗栗地區，基於金銀紙錢在臺灣各地的使用慣例上常有許多不同[17]，相互對照之下本研究所進行訪問的業者以及宗教執事人員的解釋還是與其他地方有所不同[18]，故本部分以在臺南所採集到的觀念以及用途分項說明如下：

1. 天官：天官算是比較屬於陽的紙錢、通常使用在民眾求財、求好運，希望補財庫的時候使用。

2. 水官：在臺灣民間有云：「天官賜福、地官除煞、水官補運」所以「水官」主要是民眾作為祈福、除煞使用或是補水庫的財庫時使用。

---

[17] 例如在《金銀紙藝術》，頁 123、124 所提到的「大神馬」以及「送神紙」在臺南地區並未使用。

[18] 王長春先生本身也是一名法師，所以他本身對於在法事儀式中會用到哪些外方紙以及使用方式，也有一定的瞭解。

3.火官：民眾認為犯到「水火關」、「夜啼關」、「湯火關」的
　關煞，便會使用到火官來制化關煞，也有人以火官來制化火災。

4.夫人：民眾認為臨水夫人是負責照顧小孩的神明，因此有時候
　便會使用此種紙錢，請夫人來照顧孩子，根據筆者訪談對象表
　示，此種紙錢乃屬床母類的紙錢。

5.十二婆姐錢：此種紙錢是在當小孩子出世後不好養的時候，所
　燒化使用的，十二婆姐為註生娘娘底下的配祀神，而十二婆姐
　中，民眾認為有六個好的婆姐以及六個不好的婆姐（婆姐塑像
　中，把小孩拿倒反的）。

6.花公花婆：民間認為陽世間的每個生命，在陰間是一棵花樹，
　唯有照顧得宜，陽世間的人們才會健康平安，所以要請花公花
　婆來幫你澆花、施肥。因此要餵了請花公花婆來照顧，便需要
　使用花公花婆錢。

7.童子：民間除了認為有花公花婆之外，另外花童的角色，童子
　扮演的角色主要是作為花公花婆的助手，另外沒有出生的生
　命，也由童子負則照顧，所以如果有婦女希望求的子嗣，除祭
　拜花公花婆之外，也會祭拜童子，希望自己在陰間對照的花
　樹，早日開花結果，此外，受訪者王先生也表示：就是小孩子
　受到驚嚇、不好養的時候，請童子來幫忙照顧小孩。

8.雲馬總馬：此種紙錢用於在送神（農曆 12 月 24 日）以及接神
　（農曆 1 月 4 日）的時候使用，主要是作為送神以及接神的時
　候，作為神明的乘輿馬匹、隨從。

9.神馬錢：乃是神明或是起乩，需要騎馬時所使用。與甲馬不同
　處在於，甲馬乃是給予兵馬騎乘的馬、使用的戰甲，而神馬乃
　是供神明所騎乘。

10.甲馬：由圖面可以看出有「盔甲」、「馬匹」，乃是在向五營、

神明請調兵馬時使用。

11.十二元神：民間認為，人體由十二元神支配，人的三魂七魄就是屬於十二元神裡面的。所以比如說出車禍的時候，人昏迷的話，就是元神跑掉了，因此會需要用到此種紙錢。

12.本命：在犯到「四季關」、「咸池」、「劫煞」、「多厄」[19]的關煞時時使用。此種紙錢乃是代替自己，用於改運，增強自己本命之用。

13.閻王：所謂「閻王註定三更死，絕對不留至五更」，所以是沖犯或是作法事替往生者向閻王求情的時候用。

14.地府：地府錢乃是用於陰間的錢，所以當法師需要施行遊地府或是到地府辦事之法事的時候，為疏通地府的管理官吏、鬼差役等，就需要使用此種錢。

15.山神土治：民間認為若往生者的安葬不妥或是受到干擾，將會影響到陽世的子孫，所以法師若覺得有需要的話，也會要主家們，使用燒化此種紙錢，敬獻給掌管埋葬往生者山頭的山神及土地公。此外，如果可能到山上時去冒犯到山神，也可以使用此種紙錢來解決。

16.大王：俗諺有云：「此路是我開，此樹是我栽，若要由此過，留下買路財」，大王算是地方惡霸之類的靈，而燒化此種紙錢的用途主要山神土治用法相似。

17.大二爺：是屬於燒給七爺八爺的錢，因為民間相信，人要過世的時候都是由七爺八爺來勾魂，所以在舉行「拼命」之類的法

---

[19] 張懿仁《金銀紙藝術》一書，1996，頁58。提到：「四季關……屬於小兒關煞，季節更替容易生病感冒……；咸池也就是桃花煞；犯劫煞者，無法聚財……；多厄……多災多厄，命運乖桀……」。

事時，就會燒此種紙錢來請求七爺八爺不要前來。

18.牛馬將軍：使用意義與大爺二爺錢大致相似。

19.太歲：此種紙錢主要用在沖犯到太歲時，用於安奉太歲時使用。

20.煞神：就是在郊外因為言行不當、或是興建建築物時，因為時辰等問題，沖犯煞神時所使用，因為乃為一種凶神，所以會燒化煞神錢來消災解厄。

21.過關：就是當人往生之後，下到地府、過關（如：奈何關）時要使用的，所以會燒化此種紙錢協助順利通過關口。另外，也有人解釋為可以幫助渡過人生的各種關卡[20]。

22.路關錢：作用與過關錢相似，用以協助往生者在陰間順利通過各個關口，疏通負責看守路關的陰差、鬼吏。

23.銅蛇鐵狗：「銅蛇鐵狗」是一種小孩子先天帶的關煞，犯了此種關煞的小孩容易生病，因此需用此種紙錢制化。

24.天狗：「天狗」、「白虎」、「五鬼」、「煞神」、「太歲」合稱為所謂的五方煞（五方座）。此種紙錢主要在沖犯到天狗星、或是天狗關煞時使用。

25.白虎：此種紙錢主要在沖犯白虎星、或是白虎關煞時使用。

26.白猿：民間認為有些小孩子會「得猴」，就是指有這種情況的小孩子容易生病而且不容易養胖，而且小孩坐下來的時候，有一隻腳會習慣性縮起來。因此需要用此種紙錢來制化關煞。另外，也會在沖犯到「白猿」時使用。

27.買命錢：乃求增長壽命、希望能夠消災解厄、買命所使用的。

28.陰陽錢：跟「路關錢」、「過關錢」的意思差不多，就是在有沖犯到、求壽時，燒給陰陽兩界的錢。

---

[20] 張懿仁《金銀紙藝術》，1996，頁 68~69。

29.七星：七星乃是天上的北斗七星，用來延伸意義為自然界的災
　　厄，此種紙錢就是在做求增長壽命時，排「七星燈」法事的時
　　候使用。

30.車厄錢：當犯到「四柱關」[21]、「血刃」以及犯到「車關」時，
　　法師便可能會使用此種紙錢來制化關煞。

31.亡魂：此種紙錢在沖犯到亡魂時使用，比如民眾在釣魚的時
　　候，可能會不小心釣到亡魂，而受到亡魂的侵擾，法師就有可
　　能使用此種紙錢制化亡魂。

32.五鬼：五鬼乃是指五尊「東、西、南、北、中」的鬼，犯五鬼
　　也是泛指犯小人、犯小鬼的意思，在制化五鬼時便會使用此種
　　紙錢。

33.前世父母：人出世的時候，會有前世的因果牽連而影響到今
　　世，所以一般在做「因果」的法事便會使用到此種紙錢，用來
　　將與前世父母所積欠的債務償清。

34.刑尅錢：因為怕命中帶有此種關煞的小孩子出世後，去尅到父
　　母以及兄弟姊妹甚至其本身，故會作法事使用此種紙錢來制
　　化。

35.喪門錢：此種紙錢乃是在人快過世時，進行「拼命」法事時使
　　用，此種法事的儀式過程中還包括拜「七星燈」，希望藉由此
　　種法事來延長重病或是生命垂危民眾的壽命。

---

[21] 關於「四柱關」的意涵，在張懿仁《金銀紙藝術》一書，頁57提到：
　　「小兒關煞：忌乘轎，現代的解釋是坐小兒學步車、玩具車要小心否
　　則容易有意外……。血刃……命中犯血刃表示多血光之災，不管大人
　　小孩都容易發生意外，若真的發生血光之災，制化血刃還需以『買命
　　錢』配合使用」。

36.改年經：根據王先生表示，改年經上的經文乃自道教的經藏，通常會跟本命錢一起使用，比較算是法力的加持，進行祭改補運儀式所使用的草人上常會附有改年經，用來祈求神明消除災惡。

以上 36 種外方紙是筆者在臺南市所採集到樣本，至於其他文獻資料中所出現的「將軍錢」、「六畜錢」、「改厄錢」、「黃蜂尾蝶」由於在調查過程中並沒有發現，因此不再作討論。而外方紙不同於金紙、銀紙，其每一次所使用的量不同，要依照神明的指示，一般如果是給神明的會配合壽金使用，如果是做法事的則會配合九金使用。

關於臺南市的金銀紙錢的用單位、使用習慣、價格，本文將在臺南市所調查到的結果以表 3- 1 表示：

表 3- 1 臺南市金銀紙錢的使用單位、使用習慣、價格表

名稱		使用最小單位	使用習慣	售價	附註
天公金	大太極	一只 100 張	每次祭拜最少一只，用來拜天公。	一只 100 張（20 元）	
	二極（中極）	一只 100 張	每次祭拜最少三只，因為要拜三官大帝。	一只 100 張（15 元）	
	三極（小財子）	一只 100 張	每次祭拜最少兩只，用來拜南北斗星君。	一只 100 張（10 元）	
天金		一只 100 張		一只 100 張（20 元）	一支則有 10 只。
尺金		一只 100 張		一只 100 張（20 元）	1.一支則有10只。2.天金也有

					「足百天金」，也是每一份比較大支（100張足）。尺金也有「足百尺金」同樣也是每一份足100張。
壽金	足百	一只100張		一只（10元）	通常以一、三、六只、一支為使用單位。
	千足	一支=10只=1000張		一支（70元）	
	粗金	一支=5只		一支=五只（20元）	每5只大約是2.5臺寸到2.8臺寸，在這類金紙中一只的計算不以張數計，而以厚度作為標準。
九金		足百		70元	依張數
		一只，不以張計		一支=5只（20元）	每5只
天庫		一只=10小只（稱為100萬）	一份「天庫」通常會搭配一份「天錢」使用。在祭拜玉皇大帝、補運時會使用到。	一份「天庫」與一份「天錢」，一套共售10元	目前也有一支只包含5小支的天庫
天錢		一只=5小只（稱為100萬）			在大廟、天公廟、玉皇宮及天壇常見。 3.一般也稱為補運金、補運錢。 4.在天公廟，

				天公生以及初一做「進錢補運」的時候,有時候三種(天庫、地庫、水庫)都會使用
地庫	一支 = 10 小支	一份「地庫」通常會搭配一份「地錢」使用	一份「地庫」與一份「地錢」共售 10 元	祭拜地藏王菩薩時會增加使用此種紙錢
地錢	一份 = 5 小個			
水庫	一支 = 10 小支	一份「水庫」通常會搭配一份「水錢」使用	一份「水庫」與一份「水錢」共售 10 元	祭拜水仙尊王時會增加使用此種紙錢
水錢	一份 = 5 小個			
往生錢	一份 500 張		(25 元)	如果折成蓮花或是其他造型則售價不同。
壽生錢	一份 500 張		(25 元)	如果折成蓮花或是其他造型則售價不同。
大悲咒	一份 500 張		(25 元)	如果折成蓮花或是其他造型則售價不同。
經衣	一粒	一粒「經衣」通常會搭配一粒「白錢」使用	(5 元)	1.(每一份稱為一粒) 2.沒有一定的數量 3.經衣也稱為紙頭
白錢	一粒		(5 元)	
床母衣	一小只		1.一小只(2 元) 2.一粒 = 10 小只(10 元)	通常最少會三小只配合一只九金使用

花腳庫	一只（內含5種顏色各一疊）		（15元）	一只代表一萬元
花腳錢	一大束（包含10小束）		（200元）	一大束稱為1000萬，一小束稱為100萬
買命錢	一大束（包含10小束）		（200元）	一大束稱為1000萬，一小束稱為100萬
庫錢	一大捆（包含100片）		70、80元	一大捆稱為100萬，一小片稱為1萬
黃高錢	一片	通常一次會買一副（兩片）使用（掛在左右兩邊）	一片10元	
五彩高錢	一片		一片10元	
外方紙	一小疊（約10張）		一小疊5至10元	

第二節　廟宇、宮壇的金銀紙錢種類

　　臺南市的廟宇眾多，然而使用在祭祀神明時的紙錢差異並不大，因此本節便選出具有代表性的廟宇作為討論的對象，已瞭解

臺南市的廟宇、宮壇所使用的紙錢總類以及意義。

一、臺南市天壇、開基玉皇宮的紙錢

　　臺南市的天壇、玉皇宮都是以臺灣民間信仰中地位最崇高的玉皇大帝（天公）為主要的祭祀神明，同時也因為玉皇大帝神格的特殊性，所以使得用來祭祀玉皇大帝時的金紙，也與在祭祀其他神明以及其他地方的廟宇時，有不同的種類，就本研究所觀察的臺南市這兩家廟宇來說，廟方以及附近的販賣金銀紙錢的店家會販售除了壽金之外，還販賣專門用來祭拜玉皇上帝以及三官大帝、南北斗星君的「大太極」、「二太極」、「三太極」這三種天公金。

　　此外也因為玉皇宮以及天壇因為其神明的位階崇高，所以臺南民眾在進行祭改補運儀式時，常在此兩間廟中舉行，因此使用在補運儀式中，被認為可以用來補運、補財庫的的「天庫」、「天錢」、「地庫」、「地錢」、「水庫」、「水錢」，在這兩家廟中可以見到，另外有時候也可以看到民眾自行購買「買命錢」前來廟中供奉以求補運，另外在補運儀式中所需要使用的「九金」、「九銀」、「改年經」……等紙錢以及法師施行法事所需要的「金古」在這兩座廟幾乎都可以見到，所以可以說玉皇宮以及天壇所使用的紙錢種類遠勝於其他廟宇。

玉皇宮所販售的每份 100 元的金紙

玉皇宮所販售的每份 150 元的金紙

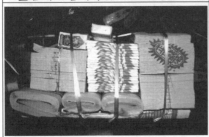

玉皇宮所販售的每份 200 元的金紙

玉皇宮所販售的每份 300 元的金紙

玉皇宮所販售的九金與九銀

玉皇宮所販售用來祭拜月下老人的金紙

民眾在玉皇宮所供奉的買命錢與天公金

玉皇宮所販售的金古以及金錢

天壇所販售的金紙

民眾在天壇所供奉的紙錢

天壇後殿進行祭改法事所用的紙錢

天壇後殿進行祭改法事所用的金古

圖片 3-22 臺南市天壇以及玉皇宮所使用的紙錢

二、臺南市三官廟

　　除了上述所說的天壇以及玉皇宮之外，臺南市三官廟中因為祭祀三官大帝的原因，所以其所使用的金紙也與其他廟宇稍有不同，根據本研究的訪談瞭解，由於以神明的位階來說，玉皇大帝最大、三官大帝次之、而後為南北斗星君，最後為其他眾神明，而用來祭拜上位神明的天公金亦有相同的位階觀念影響，其中錫箔最大的「大太極」為供奉玉皇上帝使用、錫箔次之的「二太極」為供奉三官大帝使用、錫箔在天公金中最小的「三太極」為供奉南北斗所使用。所以在供奉三官大帝的三官廟中，可以看到廟方所提供販賣的紙錢乃是「壽金」以及專門使用來供奉三官大帝的「二太極」。

圖片 3-23 臺南市三官廟所販售的金紙

三、臺南市東嶽殿

　　由於東嶽大帝乃是負責掌管地府的最高神明，因此在東嶽殿中，除了可以看到用來祭拜東嶽大帝的壽金之外，由於東嶽大帝所帶表示的是「地」，廟方所供應的紙錢還有用補運、補財的「天庫」、「天錢」之外，也配合使用「地庫」、「地錢」，另外，

也由於東嶽大帝所專司的職責，所以在臺南市東嶽殿之後殿常可
見到如：「打城」、「做藥懺」……等各種陰間相關的法事，所
以也可以在東嶽殿中看到燒化給亡靈、好兄弟的「九銀」、「庫
錢」，以及法師們法師施行法事所需要的「金古」。

東嶽殿金紙部所販賣的紙錢　　　　民眾進行法事使用的庫錢

圖片 3-24 臺南市東嶽殿所使用的紙錢

四、臺南市臨水夫人廟及開隆宮的紙錢

臨水夫人廟以及開隆宮所祭祀的神明是臨水夫人以及七娘
媽，而其所掌管的是婦女以及小孩的健康，另外，由於臺南民眾
相信小孩子在十六歲以前是由夫人媽、床母、婆姐負責照顧，所
以在這兩座廟中除了供奉給神明的壽金之外，也使用民眾認為是
作為夫人媽以及床母所使用之衣料的「床母衣」的紙錢，這種紙
錢是在供奉其他神名的廟宇中所較少見到的。

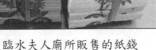

| 臨水夫人廟所販售的紙錢 | 開隆宮所販售的紙錢 |

圖片 3-25 臺南市臨水夫人廟以及開隆宮所販售使用的紙錢

五、臺南市大天后、祀典武廟、開基武廟、縣城隍廟、福德祠、總趕宮的紙錢

　　除了上述幾種配合神明特殊性而使用的紙錢之外，祭祀其他神明的廟宇則通常以壽金為其主要供應的金紙，不過其中還是可能因為香客的需求或是廟方的偏好而有細部的變化，根據田調的結果除了祭拜一般神明主要的「壽金」以及臺南使用習慣上一定會附上的「金錢」兩種紙錢之外，則可能因為不同的廟宇而有些微的小變化。

　　以臺南市大天宮為例子，儘管祭祀媽祖主要用的是壽金，但是也依民眾的要求而配合使用作為補運的「天庫」、「天錢」，另外並以「財神寶衣」包裹在天庫天錢外部。此外在農曆十二月二十四號送神的日子、元月四號接神的日子，這時候都再配合「雲馬總馬錢」使用。

臺南大天后宮販賣之金紙（平時）　臺南大天后宮販賣之金紙
（農曆 12 月 24 日）

圖片 3-26 臺南市大天後所販賣使用的紙錢

　　而祀典武廟除了供應祭拜關聖帝君以及其他廟中神明的壽金之外，也另外提供「壽生蓮花」、以及「天公金」讓民眾自由選擇。在開基武廟中，主要提供的是壽金，但是可以看到其壽金上還附有一張可以讓民眾寫明個人姓名以及祈求事項的疏文。而縣城隍廟除了壽金之外，也有提供「壽生蓮花」讓民眾選擇使用。六合境福德祠所提供的除了壽金之外，甚至旁邊的金銀紙部也提供「福德發財金」這種的新式紙錢。而供奉總趕爺的總趕宮，其所提供的金紙則與臺南市大天后宮相同，除了主要的壽金之外還有「天庫」、「天錢」以及「財神寶衣」。

祀典武廟所販售的壽金

祀典武廟所販售的天公金

民眾在開基武廟所使用附有疏文
的壽金

縣城隍廟所販售的壽金

縣城隍廟所販售的壽生錢蓮花

六合境福德祠所販售的足百壽金

| 六合境福德祠所販售的新型福德發財金 | 總趕宮所販售的紙錢（含壽金、財神寶衣、天庫、天錢） |

圖片 3-27 臺南市大天后、祀典武廟、開基武廟、縣城隍廟、福德祠、總趕宮的紙錢

第三節　臺南市金銀紙錢的使用與分析

對於金銀紙錢的討論過去已有不少學者對於金銀紙錢的分類以及用途已做過說明[22]，限於篇幅以及希望對特定類別紙錢的詳細敘述的緣故，本文章於是選定在代表意涵以及使用方式上皆具有特殊意義的「壽金」與「庫錢」作為相互對照討論。

一、壽金的使用觀念

（一）敬獻給神明做為供品的壽金

儘管在漢人的信仰體系中，存在著依不同的神明位階而敬獻燒化不同的紙錢的觀念，但是在本研究同時也注意到，因為漢人

包容多元的信仰特色，所以除了最高位階的天公、以及較高位階的三官大帝、南北斗星君還有一般被認為較低位階的神明（如：地基主、虎爺、馬使爺）之外，其他如媽祖、保生大地、文昌帝君、王爺……等的神明之間，其實並沒有很明顯的位階差別，而在祭拜這種類繁多並存的中位階神明，民眾多會選擇以壽金使用。

　　所以壽金在臺灣社會中，可以稱得上是使用得最廣泛的一種紙錢。而壽金在民間信仰中所扮演的多樣化角色，先就壽金與其他紙錢相同而且最主要的功能來做說明。宗教中敬獻給神明的供品時對供品的選擇，往往就表現了民眾日常生活價值中的認知，漢人將己身的需求投射在神明身上。人們需要飲食，於是也將這種需求投射成為祭拜神明所使用的祭品，人們需要物質貨幣，於是也將這種需求投射成為紙錢。而壽金在漢人的認知中，就具有這樣的功用，壽金在漢人所使用的紙錢中，是一種價值小於「天公金」（其中又分為大太極、二太極、三太極，是金紙中燒給高位神明的紙錢）但是高於「九金」的紙錢（燒化給低階神明的紙錢），壽金是一種中位階神明所使用的紙錢，因此也可以用來敬獻給不同種類的神明，所以壽金除了身為一種敬獻給神明具有貨幣價值的供品之外，同時也可以視為是強化漢人對神明階層認知的符號承載體。

　　而且，同樣是壽金，又可以依據紙面上「錫箔」的大小，而產生不同的價值，錫箔越大的壽金，價值越高，比如說錫箔為 12 刈的壽金就比錫箔為 18 刈的壽金價值要來的高，錫箔 18 刈的壽金又比錫箔 20 刈的壽金價值要來的高[23]。此外，壽金還會依據

[23]　參照前文解釋，刈的意義。

紙張紙質的好壞，而影響到其價值，在金銀紙店販賣壽金時，會區分是「足百」的壽金還「粗金」的壽金，所謂的「足百壽金」是由紙質較好的紙漿、紙張也較薄，所作成的壽金，每一只[24]有100 張壽金。而「粗金」的壽金則是由品質較差的紙漿所製成、紙張也較厚，這種壽金每一只不是以張數來計算，而是以總厚度來計算，每一只人約是 2.5 寸到 2.8 寸，所以每一只的張數不如足百壽金多，在銷售價格上也較足百壽金低，在一般民眾的認知中，則認為在祭拜神明時，使用足百的壽金要比粗金來的有更能誠意。因此可以得知，在壽金製作成本上的高低會影響到銷售價格的高低，更進而影響到民眾對於同樣是壽金的紙錢，卻有著幾種不同高低的價值認知[25]。

所以在討論壽金這種紙錢時，也就無法避免的必須要釐清壽金所含的價值認知。關於上述民眾對於壽金所牽涉到的認知，以下圖來呈現：

---

[24] 每一「只」是壽金的最小販售單位，通常會已蘭草或是橡皮金筋捆住每一小份的紙錢，這樣一份就稱為「一只」。

[25] 因為粗金的使用的紙質較差，厚度較厚，所以每一只的張數也就較少，張數較少的話，所貼上去的錫箔就較少，而因為錫箔較少、紙質較差，所以售價當然也就比較便宜，所以每一只的粗金都會比每一只的足百壽金要來的便宜。但是也因為這樣的原因，民眾則會認為在祭拜神明的時候，燒化足百的壽金要較燒化粗金要更有誠意。

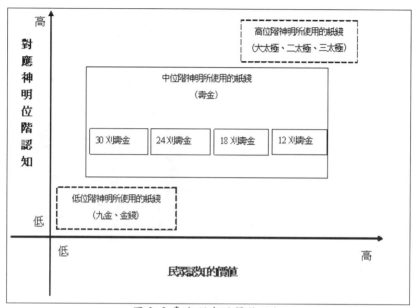

圖 3- 2 壽金所含的價值認知
資料來源：本研究製作

　　另外，值得在提到的一現象是，儘管全臺灣各個區域在祭拜神明的時候，都會使用壽金。一般以燒化方式敬獻壽金給神明之外，本研究亦觀察到臺南地區民眾敬獻壽金給土地公的另一種方式，民眾會在田埂邊插上一根竹竿，並於夾上幾張壽金，根據民眾表示，這乃是用來答謝幫民眾巡視田園的土地公，這樣夾有壽金的竹竿他們稱為「土地公拐仔」[26]。

---

[26] 農曆八月十五日，既是中秋節亦是土地公的誕辰，農民會在田中插入此種壽金，祈求土地公看守農作物，保佑農作豐收。

圖片 3-28 田邊的土地公枴仔	圖片 3-29 祭祀神明壽金
照片來源（2003 年 11 月 23 日，臺南縣佳里鎮謝正宮前）	照片來源（2004 年 4 月 16 日，臺南市臨水宮）

（二）作為神聖與世俗之間的區隔物質

　　本研究另外觀察到在寺廟中放置神明神像時，通常會在神像的基座上墊上壽金，而這樣的作法主要是因為在信徒的認知裡象徵神明的神像，乃具有崇高的神聖性，為了與俗世的物質（放置神像的桌子）間有所區隔，因此便使用壽金來作為神聖與世俗之間的區隔物質[27]。平時供奉於廟中，在節慶會連同神轎出巡的神

---

[27] 筆者採訪洪先生，2004 年 8 月 11 日，臺南市屬王壇訪談。洪先生表示：因為所謂天地人三界……一般我們為了避免這些神像或是神桌這些屬於是「天」的東西去「接地」，所以都會用壽金墊在下面……，尤其是像是暫時停放的神像或是香爐、轎子這類的，我們都會用壽金墊在下面。除了區隔神聖與世俗的功用之外，在擺放神明時，有時也會用所墊的壽金來表示主神與附屬神之間的地位高低（主神的神像如果沒有高於配附神明之神像的話，信徒會墊較多的壽金使主神明的神

將們，因為如同神像也具有的神聖性，因此在放置神將的時候，
也會使用壽金來固定、擺放神將。同樣被視為具有神明力量以及
神聖性的神轎，在停放時亦不能夠與俗世的地面所接觸，所以通
常會停放在長椅或是在轎腳的地方墊上壽金，以區別神聖與世
俗，保持神轎的潔淨，而放置於神轎裡的神像於基座下方也墊上
壽金，又顯示出另一種區隔的形式（神明乘作的轎子與更神聖的
神像間的區別）。

　　同樣在信徒心目中屬於神聖物的香爐，亦有信徒會使用壽金
墊於香爐下方，形成另一種神聖與世俗間的區隔。至於用來敬獻
給神明的牲禮，在田野調查過程中[28]也觀察到信徒會使用壽金墊
於這些大型牲禮的四肢，以保持這些牲禮象徵上的潔淨。在一般
民眾的心中也具有神聖的地位的神主牌，平時沒有經過請示允許
不能隨意移動的，而民眾也使用壽金墊於神主牌基座下形成一種
區隔，另外，也使用壽金來作為神主牌與基座間的固定物質。此
外在慶典儀式進行時，乩童起乩，會以鯊魚棒、刺球等法器砍傷
自己，以顯示神明附身的法力，此時通常會在乩童的背部墊上壽
金，一方面可以吸附乩童所留下的血水，一方面推測也是一種象
徵神聖與世俗的隔絕（避免代表神明的乩童的血滴落在地上）。
在臺南市天壇的香爐上，可以看到夾有一疊壽金，經過詢問，廟
方人員表示壽金是用來從香爐盛裝香灰至其他處的工具，同時有
時香爐內插有過多線香時，則會以點燃壽金，作將爐內的全部線
香燒化的助燃物。

像能夠高於左右兩邊的附屬神明神像）。

[28]　筆者 2004 年 7 月 21 日於臺南市灣裡地區，觀察林府千歲誕辰，拜天
　　公的儀式。

（三）透過起乩的儀式，轉化壽金為符咒性質的物質

壽金是民眾敬獻給中位階神明的所使用的紙錢，而也是使用最廣泛的一種紙錢。而這樣原先已具有廣泛使用範圍的紙錢，又可以更進一步的透過儀式轉化，成為另一種具有更多功能，可視為是承載法力的物質。在經過不同儀式轉化之後，壽金由原來單純用來敬獻給神明的供品、貨幣，轉變成可以讓信徒隨身攜帶的「平安符」、用來幫助法事進行時的法力維持物品、或成為宗教器物上的「保護符」……等。

關於可以用來轉化壽金使其成為具有符咒性質的儀式，下面舉出幾個例子以作說明：

(1)透過起乩的儀式：此種方式是最常用來轉化「壽金」為其他功能的方法，一般是由代表神明降臨身分的乩童或是手轎來進行。在民眾舉行「問神」、「辦事」的法事時，通常會透過乩童或是手轎與神明溝通，而民眾也認為神明會透過乩童或是手轎來傳達旨意，而在法事結束前，乩童或是手轎會依據民眾的需要，提出問題的解決方式、以墨水或硃砂在壽金上書寫[29]，這些經由乩童或是手轎所書寫過壽金，就具了有可以保佑民眾平安、渡過災難或是有其他

---

[29] 被認為已經由神明附身的乩童，會持筆沾墨或是硃砂在壽金上書寫；如果是由俗稱「手轎仔」的手轎書寫壽金的話，則不會使用毛筆書寫，通常是以手轎四支腳的其中之一，沾墨書寫於壽金上。而旁邊的輔助人員或是助手（這些輔助人員通常稱為「桌頭」或是「文案」）則會解釋這些他們稱為是神明所「開」或「派」出來的壽金之用途以及使用方法。

用途的神力[30]。

(2)透過媽祖神轎：除了以上最常見透過乩童或是手轎的方式用來轉化壽金用途的方式之外，另外本研究亦觀察到在大甲鎮瀾宮媽祖出巡的途中，信徒們認為若由媽祖神轎所停放過的金紙，則具有保佑信徒平安、事業順利的法力，所以在媽祖出巡時，沿途每一個神轎暫時停放的地方，廟方或是定點都會準備讓神轎停放的長椅，而為了讓更多的信徒得到經過媽祖神轎停放過的壽金，所以這些預備要讓神轎停放長椅上都會擺放許多的壽金，待媽祖神轎停放過後，再發放這些已經象徵具有神力的壽金給予民眾。

(3)透過王船：臺灣的民間習俗中，在王船出巡、繞境到送王船時，王船上的工作人員都會沿路從王船上，拋灑下許多的金紙，其中又以壽金以及天公金較多[31]，根據其他研究者的解釋，這些原來是用來要給看管沿路神靈的買路錢，後來隨著時代的演變，這些原來被視為是買路錢的紙錢，後來又被民眾詮釋為另一種可以保佑平安、甚至可以避邪的的物品。[32]姑且先不論這種認知轉變的原因，但是可以觀察到的是原本作為祭獻現給神明、作為買路錢的壽金，會因為之前承載在王船上以及從王船上灑下來，這些透過與「王船」接觸的動作，而使得壽金轉化其功能成為具有

---

[30] 這些經過乩童或是手轎書寫過的壽金，都被視為具有神力，而這些承載了神明法力的壽金，則形成類似「符咒」的功能。

[31] 筆者 2002 年 12 月觀察於高雄茄萣萬福宮所舉行的王醮。

[32] 劉還月《臺灣民間信仰小百科──醮事卷》，臺北：臺原出版社，1994，頁 254。

神力的物品。

二、庫錢的使用觀念

　　不同於金紙類紙錢的使用觀念，庫錢的使用對象主要是以陰間的亡魂、過世的先人。而會使用到庫錢的場合主要是在準備喪葬儀式、舉辦「打城」、「超度」、「改運」……等法事[33]時，因為舉行這些法事時，其所交涉或是施行的對象往往牽涉到「陰間」的祖先、亡靈，所以在這些場合中也通常可以看到銀紙以及庫錢的使用[34]。

---

[33] 根據筆者的田調訪問，庫錢製造業者及宗教執事人員表示，比如說以前先人過世時做的儀事可能有疏失使得往生者無法得到庫錢或是燒化的庫錢不夠的話，往生者可能會用托夢或是使得後代子孫有所不順，讓子孫藉由「問神」方式來傳達其需要庫錢的要求，舉行「打城」等儀式。

[34] 以「祭改改運法事」為例（筆者於 2003 年 5 月 23 日在臺南市臨水夫人廟，觀察臺南興泉府林俊輝道長以及曾法師所主持的「祭改補運法事」），之所以要法事中需要用到庫錢的原因，乃在於根據執行法事的道士或法師在推算，前來委託的主家之所以會遇到不順利的事情，是因為女主人之前有動過流產手術，之後對這名「幼靈」的善後處理不夠完備，所以這名幼靈仍然無法投胎，而影響到家人的身體健康或是運勢，所以再進行改運法事時，道士或是法師乃認為必須要先與這名幼靈達成協議，說服並幫助幼靈順利轉世，所以準備了庫錢要給幼靈。另外，筆者在另一個由興泉府林道長所主持的「祭改改運法事」中（2003 年 5 月 25 日於臺南市臨水夫人廟舉行），也見到庫錢的使用，但是此次的情況是由於對過世的祖先的處理上有不妥，所以影響到後代子孫的運勢及健康，因此準備了庫錢要燒化給過世的祖先。

圖片3-30 臺南市的改運儀式中使用到的庫錢
照片來源（2003年5月25日，臺南市臨水
夫人廟）

　　庫錢在使用觀念上，與其他紙錢最大不同之處，則是在一般
紙錢使用觀念裡，都認為只要將紙錢燒化之後，接受者（神明、
祖先）就可以收到，然而在庫錢的使用觀念上則明顯不同，根據
本研究的調查，當陽世的民眾焚燒庫錢之後，這些庫錢會先存放
到陰間中的「國庫」，由陰間的「庫官」[35]負責管理，而收受這

[35] 筆者2004年7月2日訪問林俊輝道長時表示，在陰間有十二位「庫
官」，分別負責掌管不同生肖往生者的庫錢，另外除了庫官之外還有
「庫吏」，這些庫吏乃是庫官的助手、隨從。而且根據其說法，不同的
庫官分別有其不同的姓氏，茲將所採集到的資料列為下表：

	庫官姓氏	負責掌管生肖	年序
1	杜	猴	申
2	李	鼠	子
3	袁	龍	亥
4	阮	豬	辰
5	柳	兔	卯
6	朱	羊	未
7	雷	虎	寅
8	許	馬	午
9	成	狗	戌

些庫錢的亡靈，必須先由閻王依其在陽世間的功過，判定亡靈必須在「十八層地獄」通過多少的懲罰與考驗，待亡魂所經歷的懲罰足以消弭在陽世的罪過之後，亡魂才能從「國庫」中提領到陽世所燒化給他的庫錢。

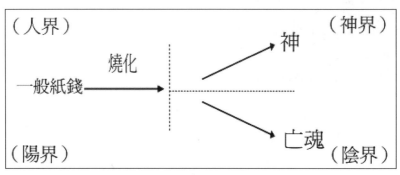

圖 3-3 一般紙錢的使用觀念

10	紀	蛇	巳
11	曹	雞	酉
12	田	牛	丑

所以可知杜姓大夫負責掌管生肖屬於猴往生者的庫錢，李姓大夫負責掌管生肖屬於鼠往生者的庫錢……等，另外如同陽間的官員有隨從一般，陰間的庫官也有「庫吏」作為庫官的助手、隨從，共同負責掌管陰間往生者庫錢。

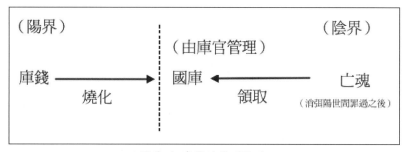

圖 3-4　庫錢的使用觀念

圖片 3-31　庫官與庫吏的紙紮
照片來源（2004 年 10 月 8 日，
臺南市東嶽殿功德法事法場）

　　另外，庫錢的使用，在以往的喪葬習俗中，會依據往生者生肖來決定要燒化多少庫錢的習慣，往生者所屬的生肖如果是屬於某些生肖（如：龍、牛、馬、羊、豬）則會燒化較多的庫錢。相對的，如果所屬的另一些生肖的動物（如：猴、雞、狗、兔）則會燒化較少的庫錢[36]，雖然目前這種依生肖而決定燒化庫錢多寡

---

[36] 目前若是道士所做的法事才會比較注意到依生肖而燒化不同數量的庫錢，如果是請尼姑僧侶依佛教方式辦理喪事，就不太會燒庫錢，也就不會有依生肖來燒化庫錢的情況。

的習俗觀念已經日漸薄弱。不過目前在燒化庫錢時，還是保有依
往生者的「子女多寡」、「年紀」來決定燒化庫錢多寡的情況。
根據本研究的調查，往生者如果有較多的後代子女、在六十歲之
後才過世的，就可以燒化較多的庫錢給往生者。相反的，如果往
生者是因為發生意外死亡、早夭、或是沒有子女的情況，則就不
能燒化太多的庫錢給他。

　　了解臺南人對於燒化庫錢多寡的選擇因素之後，也必須要進
一步分析這些因素背後所代表的意義。在臺南民眾的觀念中，往
生者能收到多少的庫錢，必須要往生者本生有足夠的福份、是否
已經盡到足夠的責任而定，這種觀念有點類似民間所謂「福地亦
須福人居」的概念，如果民眾本身的福氣或是所謂的命格無法足
夠承受一個風水好地方的話，可能反而導致民眾本身的傷害。而
在田調訪談所得到的資料可知，民眾也認為在燒化庫錢的時候，
必須要配合往生者的福氣與命格，雖然沒有在訪談過程[37]中得知
若燒了過量的庫錢給往生者，是否可能怎樣的後果，然而受訪者
卻普遍認為燒化過量的庫錢，往生者也不見的有辦法收受。

　　在漢人許多傳統觀念、活動中，也往往牽涉到生肖的認知，
比如說：結婚時，生肖屬虎的人是不能進入新娘房、某些生肖相
互不適合結婚……之類的觀念。所以在燒化庫錢時，會以「生肖」
作為決定、考慮的因素，其實可以推測是因為如果生肖屬於較大
體型體型的動物（龍、牛、馬、羊、豬），人們便會將動物體態
大小的意象投射到人身上，而認為這些人比較具有足夠的命格，

---

[37] 筆者訪談顏太太（雙銘行老闆娘），2004 年 6 月 14 日，雙銘行；筆
　　者訪談臺南興泉府林俊輝道長，2003 年 5 月 23 日，臺南市臨水夫人
　　廟。

因此可以收受較多的庫錢，所以相反的，如果生肖屬於較小體態的動物（猴、雞、狗、兔）則能夠收受的庫錢就比較少。不過必須要注意到的是，並不是體型越大的生肖所燒化的紙錢最多，而是偏向相對上的分別，例如臺灣民間有一句俗諺「牛車馬載」，民間認為屬於牛、馬生肖的民眾在出生時的貸款最多，所以「繳庫」、「還庫」也最多，所以在十二生肖中，燒化給這兩個生肖的往生者的庫錢最多。

　　另外，往生者的「子女數目」如果比較多的話，在一般漢人的觀念中也是比較有福氣的人，因此如果往生者有較多的後代子女，也就能夠收受較多的庫錢，相反的，如果往生者沒有後代子女、或是子女較少的話，也就會被認為是沒有足夠福份可以接受較多的庫錢；至於「年齡」也是民眾考慮因素的原因則在於通常超過「六十」歲而過世的，在一般觀念中算是「壽終正寢」，也算是好福氣的人，所以往生者如果是超過六十歲過世的，也可以收受較多的庫錢，但是如果因為發生意外事故、未滿六十歲就身亡的情況，在傳統觀念中算是「白髮人送黑髮人」，不但不算是有福氣的人，甚至因為太早過世，許多該盡的責任都還沒有完成（如：侍奉雙親、照顧妻小），所以就沒有資格收受這麼多的庫錢。

　　歸納上述臺南人對於庫錢使用的觀念，可以看到，庫錢在使用上較其他紙錢，似乎有著更為嚴格的規則。關於這樣的規則，可下圖來表示：

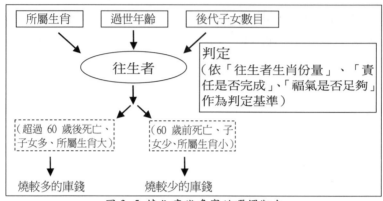

圖 3-5 燒化庫錢多寡的選擇觀念
資料來源：本研究繪製

　　此外，為了讓陰間的親人順利收受到庫錢，一般在焚燒庫錢的時候，都會寫填寫「疏文」請神明做見證，讓陽世人們所焚燒的這些庫錢可以順利的轉移到陰間親屬的手中。另外，在田野調查的過程中，也見到有道士或是法師請前來祭拜的家屬將自己的指印，壓印在每一捆庫錢之最頂層面的蓋印處上，這樣的作用也有帶有特別「指定」收受者的意味，這樣的做法，在焚燒給神明的金紙上是不相同的。

　　而在一般民間習俗中也有在燒庫錢給往生者的時候，會請家屬親人手牽紅繩圍成一個「八卦形狀」的區域，依照本研究田調的受訪者[38]表示，這是為了要防止在附近的孤魂野鬼錢錢來搶奪庫錢，所以必須要請道士、法師或其他宗教執事人員將這一個由親屬所圍起的「結界」，然後在這個區域內焚燒庫錢，這樣才能

---

[38] 筆者採訪顏太太（雙銘行老闆娘），2004 年 6 月 14 日，雙銘行。

確保這些庫錢可以順利的讓陰間的往生者收到[39]。

圖片 3- 32 壓印過指印在紙面上的庫錢
照片來源（2003 年 5 月 25 日，臺南市臨水夫人廟）

---

[39]　在訪問過程中，顏太太提到她的友人曾經被過世的親人托夢，說是沒有收到庫錢，後來再去「問神」的原因，說是因為可能是當初焚燒庫錢時，負責建立「結界」的宗教執事人員沒有注意或是法力不夠，致使那些庫錢都被附近的其他亡靈搶走。

第四章

臺南市金銀紙錢的形式與圖刻紋樣

第一節　臺南市金銀紙錢的製造過程

　　關於紙錢在過去的製造過程方式，已經有許多相關文獻已經做過介紹，因此本文乃將焦點集中在臺南市目前的生產情況，並且以「壽金」以及「庫錢」兩種紙錢來作較詳細的紀錄說明，以期提供將來接續研究者的分析參考依據。

一、「壽金」的製造過程

　　以往傳統製作紙錢的方法，根據本研究所訪談對象[1]表示，因為工資、物料的價格高漲，再加上國內環保標準的提高，所以使得金銀紙錢的製造成本大幅增加，1980 年之後，成本上漲（工資、物料、錫箔、紙張、藺草）的問題，從國外進口紙錢的成本較國內製作少了 2/3，因此使得臺灣的紙錢業者漸漸改採進口金銀紙錢。所以目前不僅是臺南地區，臺灣地區幾乎也不易見到以傳統方法來生產紙錢的工廠，加上若全部由商店自行製造金銀紙，則所需的成本約為自國外進口的三倍左右，因此現在大部分的金銀店乃是採用半加工方式或是機械製造、自國外進口的方式提供臺灣市場上所需的紙錢來源。

---

[1] 筆者採訪黃烈堂先生，2004 年 4 月 17 日，錦利號；筆者採訪黃文賢先生，2003 年 11 月 26 日，米街金銀紙店；筆者採訪郭清芳先生，2004 年 7 月 23 日，新萬芳。以上三人皆有相同的表示。

（一）貼錫箔、錫箔上蓋印

1.由師父裁切錫箔　　　　2.手工貼錫箔以及擦金油

3.晾乾金紙　　　　4.以機械在錫箔上蓋印

圖片 4-1 在金紙裱貼貼錫箔、在錫箔上蓋印
照片來源（郭清芳先生提供，2004 年 7 月 23 日，臺南市新萬芳）

　　以新萬芳在中國的金紙製造廠的製作過程為例，製造金紙的第一步首先是先裁切錫箔，而後在紙錢上貼錫箔，擦上金漆（若製作銀紙則不擦金漆）、晾乾金紙，之後由機械蓋印，雖然僱請師傅裁切錫箔、請工人貼箔以及擦金漆會花費比較高的成本高，但是由於臺灣的市場上還是有不少顧客偏好購買手工貼錫箔的金紙，所以現在不少製造商還是在人力工資較便宜的國家設置紙

錢的製造廠，之後再將成品或是半成品運回臺灣銷售。

　　錫由於在本身金屬的延展性很大，經過敲打之後，以前一寸厚度的錫經過老經驗的師傅加工，大概可以製作一萬兩千張左右的錫箔，現在因為技術的退步、人工費用的增加，所以大概只能製作一萬張左右。而金紙的成本也常常會因為錫箔價格的波動而受到影響，所以根據黃烈堂先生表示[2]，約在 1940 年左右，一度因為物資缺乏，所有的金屬物資幾乎都徵調為戰爭使用，導致錫料的短缺，於是金銀紙錢製造商們還曾經改採用「金粉」、「銀粉」代替紙錢上的錫箔。而「金粉」乃是以銅、「銀粉」乃是以鋁，將兩種金屬磨碎，加上醬糊調製、金油，塗在金紙上代替錫箔。

　　以臺南市「錦利號」來說，以前紙錢上的錫箔部分也是由店內負責製作，聘請師傅將每一塊「錫牌仔」以手工打薄、裁割成約 200 片左右的錫箔。而又依錫箔所裁切成的不同大小分為不同的「刈」（圖 4- 1）。

---

[2]　筆者採訪黃烈堂先生，2004 年 4 月 17 日，錦利號。

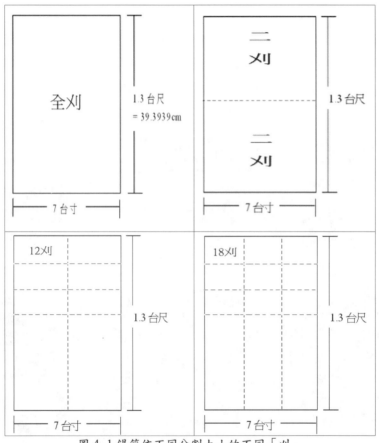

圖 4-1 錫箔依不同分割大小的不同「刈」

　　例如：所謂「12 刈」就是將「全刈」錫箔平均分割成 12 等份，若是「18 刈」則是將「全刈」錫箔平均分割成 18 等份、「川亠[3]（36）刈」則是將「全刈」錫箔平均分割成 36 等份。所以可

---

[3]　「川亠」讀為：三六，「川」與「亠」都是用來表示數字的符號，為早期生意人所使用的計數方式，跟據筆者訪談臺南市錦利號、米街、

知「當「刈」的數目字越大，單張錫箔就越小張。在田調過程中，所調查到的「銀紙」中所用的錫箔最大為「12 刈」，因為如果錫箔如果再增加為更大的話，將會超過紙錢的紙張大小。根據觀察，目前除了天公金是使用「全刈」之外，流通的紙錢大約有「12 刈」、「18 刈」、「24 刈」、「30 刈」、「36 刈」這幾種。

圖片 4-2 標明紙錢上所用之錫箔大小的紙錢側邊蓋印

新萬芳等金銀紙店的老闆們皆表示以往乃以「丨」、「丨丨」、「丨丨丨」、「乂」、「ㄨ」、「一」、「二」、「三」、「又」、「〇」，代表：1、2、3、4、5、6、7、8、9、0。另外，臺南市並未使用《金銀紙藝術》一書中所提到之「川乚刈」之稱謂，在臺南地區直街接稱為「川乚 吧平」、「川乚 幼吧」，也就表示是錫箔大小為 36 刈的銀紙，而且使用 36 刈錫箔的只有銀紙，金紙通常都是使用比 36 刈大的錫箔。

（二）購入半成品、丈量紙張張數

　　而錦利號目前乃是向上游的廠商訂製已經正面印製完成的
金紙，所購入的半成品金紙運至臺南，再於本店內進行後半段的
加工包裝。

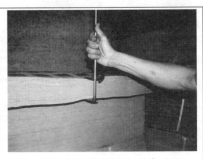

5.正面圖案製作完成的金紙　　　6. 丈量一定厚度的金紙半成品
圖片 4-3 購入金紙半成品、丈量紙張張數
照片來源（2004 年 4 月 17 日，錦利號）

（三）機器裁割、送往代工處分張綑綁

　　丈量固定的厚度以計算張數，將固定厚度之半成品放入裁割
機械中裁切。由機械將半成品的金紙之邊緣裁切整齊，之後人工
操作機械進行分割、裁切工作。

| 7.進行分割裁切 | 8.裁切完成之金紙,裝箱送往代工處以蘭草綑綁(依固定厚度綁為一小捆,稱為一只)。 |

圖片 4-4 機器裁割壽金、送往代工處分張綑綁
照片來源(2004 年 4 月 17 日,錦利號)

(四)蓋印、捆綁

自代工處所運回以蘭草分裝綑綁好的金紙,於店中再進行蓋印的工作,分別在每一份金紙之兩面側邊蓋上不同的圖案。將完成裁切、蓋印程序之金紙,依照下游銷售商或是消費者之需求數量而進行綑綁,目前已經改由人工操作之機械綑綁,完成綑綁之金紙即可售出。

| 9.在側邊上蓋上圖案 | 10.以機械綑綁完成蓋印之金紙 |

圖片 4-5 在壽金紙側邊蓋印、捆綁
照片來源(2004 年 4 月 17 日,錦利號)

（五）不同錫箔與紙質的壽金

　　談到壽金的製造，還有另一個也是值得提到的部分，相較於其他地區的民眾，臺南人較堅持其所認知的傳統以及重視祭祀用品之品質。因此，在本研究的田野調查中，觀察到臺南市的金銀紙錢販賣零售商所提供的壽金總類也較為繁多，例如根據所訪談到的金銀紙錢製造商、販賣零售商、廟宇的工作人員…等皆表示臺南市的民眾甚至還會比較講究紙錢上的錫箔，是否由手工製造，臺南市的民眾會認為，紙錢上所貼的錫箔必須是真正的錫箔，這樣對神靈才有敬意（由鋁箔或是塑膠箔所代替之紙錢上箔沒有辦法完全燃燒，神靈收不到），神靈也會比較保佑，因此許多臺南市的金銀紙錢製造商、販賣零售商、寺廟的金銀紙部甚至會特別標明其所販售的金銀紙乃是裱貼真正的錫箔、或是以手工裱貼上錫箔[4]。

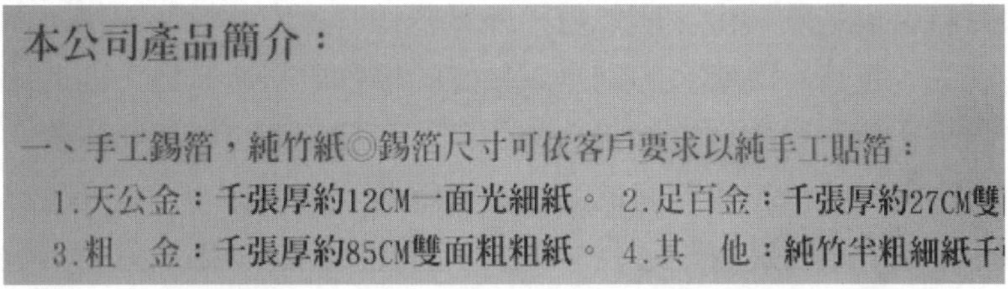

本公司產品簡介：

一、手工錫箔，純竹紙◎錫箔尺寸可依客戶要求以純手工貼箔：
　1.天公金：千張厚約12CM一面光細紙。　2.足百金：千張厚約27CM雙[
　3.粗　金：千張厚約85CM雙面粗粗紙。　4.其　他：純竹半粗細紙千[

圖片 4-6　強調所販賣的紙錢可依要求生產手工貼錫箔的紙錢製造商文宣
照片來源：臺南市禮儀用品同業公會出版的會員手冊之封底廣告頁

---

[4] 筆者訪問錦利號老闆黃先生表示：「臺南地區相較於其他地區是比較喜歡錫箔的…，鋁箔也是手工貼箔時所使用的，用鋁箔現在比較少，因為機器做的比較多…」。新萬方老闆郭先生表示：「臺南人比較重傳統，可能是因為這樣的關係吧…你看臺南都很平安…」。

圖片 4-7 臺南市開基玉皇宮金紙販賣部所貼之說明
照片來源（2004 年 4 月 21 日，玉皇宮）

另外，民眾除了在紙錢錫箔上差別要求之外，在紙錢的紙質上的講究，也使臺南市所供應的壽金有了不同的種類產品的出現，在製造壽金時，因為不同的紙張原料使得壽金分為業者俗稱的「粗金」以及「足百」，所謂的「粗金」是指採用較粗糙的紙張原料所製造的壽金，所以每一張紙張較厚、表面較為粗糙。而所謂的「足百」的壽金，則是以較好的紙張原料所製造，因此比較起來，每一張的厚度較粗金來的薄、而且表面也較粗金平滑，而且之所以這種紙質較好的壽金會被稱為「足百壽金」，乃是其每一小只[5]的紙張數足足有一百張。至於「粗金」每一只的張數則較不一固定，主要是以其厚度來計算，每一只大約是 2.5 寸到 2.8 寸，而這種金紙不計算一只的張數，而以厚度來計算。因為紙質的差異、厚度不同，所以以相同的厚度而言，一小捆（一只）

[5] 所謂「只」乃是金銀紙錢的計算單位，乃是以一只為一小捆，在販賣金銀紙錢的時候以每一只為最小的出售單位。

足百壽金的厚度大約相當於二十張左右的粗金。而每一支[6]的足百壽金會有十只，也就是共有一千張壽金；而如果是稱為「粗金」的壽金，每一支含有五只，也就是共有大約一百張。因為在民眾的觀念中，燒化給神明的金紙，最重要的部分就是在於錫箔的部分，所以如果燒化的張數越多，當然燒化的錫箔也就越多，因此若以同樣的張數來說，粗金較足百壽金來說較為大疊，燒化的時候也有較不容易燃燒等的情況，所以臺南人比較喜歡使用足百的壽金。

二、「庫錢」的製作過程

目前在臺南市內，僅有雙銘行仍然自行製造「庫錢」以及「金古」、「金錢」。隨著供應市場的改變以及半自動化機械的使用，雙銘號的生產方式也因而跟著改變。以往雙銘號乃是由上游的廠商供應裁切成指定規格大小的紙張，然後再進行人工計算張數、半機械化方式裁切大小、斬孔的後續製作過程，但是因為近年來紙張、人工等成本的上漲，為了節省支出以及提高生產的速度，目前雙銘號已經改為直接向製紙廠進貨，自行由機械裁切、斬孔，最後由人工將製作完成的半成品糊貼上外皮。雙銘號的庫錢製造過程如下：

（一）裁切紙張

進口整筒的原紙，使用機械裁割成為單張所需要的尺寸大小之後，在裁切成所需大小的長條行的紙張後，並依張數計算，每

---

[6] 所謂「支」乃是金銀紙錢的計算單位，乃是較一只為大的計算單位，在販賣金銀紙錢的時候亦每常有人以支為其購買單位。

100 張為單位疊成一疊。

1.從製紙廠進貨整筒的原紙

2.以裁紙機械,裁切原紙成為需要的
　紙張大小

3.初步裁切完成的紙張

4.將初步裁切完成的紙張再裁切成
　長條型。

圖片 4-8 裁切庫錢的原料紙張
照片來源（2004 年 6 月 14 日,雙銘號）

（二）斬孔、裁切成片、糊貼外皮、綑綁

　　將每一疊一百張的長條型紙張放入機械中,在每張紙上斬出
六道的斬孔後再裁切成庫錢所需要的大小。之後將裝箱裁切好的
庫錢送往代工處,由人工將每一片庫錢糊貼上外皮之後完成庫錢

的製作。之後以每一百片庫錢綁為一捆為販賣單位，每一捆稱為
「一百萬」的庫錢。

5.將每一疊100張的紙張，放入斬孔機。　6.裁切、斬孔完成的庫錢半成品。

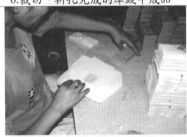

7.將庫錢成品，送往代工處，糊貼外皮　8.將每一片的庫錢糊貼上外皮

9.糊貼完畢的庫錢　　　　　　　　10.將每100片製作完畢的庫錢綁
（每一小片稱為「一萬」的庫錢）　　　為一捆，為最小的出售單位。

圖片 4-9 庫錢斬孔、裁切成片、糊貼外皮、綑綁的製作過程
照片來源（2004 年 6 月 14 日，雙銘號）

（三）庫錢大小的轉變

另外根據本研究的採集樣本，目前的臺南市所製造的庫錢大小約為：長 11.5 公分，寬 5.8 公分，但是這樣的大小並非自以前就流傳至今未曾改變的，依本研究的調查，以前由臺南市所製作的每一片庫錢上必須有 12 條的斬孔[7]，而且每一片庫錢的大小約為現在的三到四倍。而且以前是以單片的庫錢來計算，每一片代表一萬，通常是以每一百片為一捆，稱為是一百萬的庫錢，需要多少萬就購買多少的庫錢。

關於庫錢大小的改變原因，其實是源於市場機制的變化，起因是有某些庫錢的製造廠商採取降低售價以增加市場競爭力的策略，相對的其他廠商因此在銷售上的考量也就被迫跟進，然而降低售價後，廠商們為了保有一定的生產利潤，故需要壓低生產成本，如此一來為了解省成本，廠商只有從產品製造成本進行改變，而為了節省成本，於是就從庫錢的紙張上做改變，庫錢的尺寸也因此也越來越小，最後演變成目前所見到的大小。[8]從庫錢大小的改變進而深究，便可知人們所習慣使用的金銀紙錢並不是永遠不變的，金銀紙錢的形式也如同其他人類所日常使用的物品一般，會受到不同時代的觀念、不同的經濟能力而有所變化。

---

[7] 庫錢與金紙不同之處在於，金紙乃是以紙張上的「錫箔」來表示「錢」的概念，而庫錢則是以紙張上的「斬孔」來表示「錢」的概念，所以如果紙張上沒有斬孔，就不代表錢。另外，在庫錢外包裝紙張上面的所蓋的印章據受訪者表示乃是具有保護紙錢的法力功用。

[8] 筆者採訪王長春先生(王泉盈紙莊老闆、臺南市天后里里長)，2004 年 4 月 15 日，王泉盈紙莊；筆者採訪顏太太（雙銘行老闆娘），2004 年 6 月 14 日，雙銘行。

第二節　金銀紙錢的材質、形式與意義

從上述壽金與庫錢的製造、使用比較，可以發現到儘管兩種紙錢都是由竹紙等原料加工製造而成，但是因為之後人們所附予的使用意義的不同，形成兩者各有著截然不同的使用方法。以下本文針對影響金銀紙錢用法的原因來作討論：

一、金銀紙錢與陰陽觀念的對應

人類運用己身的思考模式，解釋其所處在的世界，在傳統觀念中，漢人以「陰陽學說」來解釋瞭整個宇宙的起源，在漢人的認知裡，整個宇宙分為「陰」、「陽」兩個部份，陽代表陽間、陽性、光明、剛硬……等；陰代表陰間、陰性、冷暗、濕柔……等，兩者之間的關係是彼次互為對照、互相影響，同時因為認為宇宙世上所有的世物都有陰陽兩個面，漢人還講究所有事物上的「陰陽調和」，希望「陰」與「陽」這兩種看似對立的部份，彼此間還能夠達到平衡的共存的狀態。

漢人同樣也將這種認知與分類的觀念，具體套用在金銀紙錢的使用上，因此也將金銀紙錢中的「金紙」以及「銀紙」兩大類賦予不同的概念，其中「金紙」是用來燒化敬獻給神明的；而「銀紙」照一般民眾的說法是屬「陰」的，是用來燒化給屬於陰間的亡靈遊魂[9]。且兩者之間有明確的區分，因此如果以銀紙燒化給屬於「陽」的上界神明的話，則會被認為是對神明不敬的行為。而金銀紙錢中，較難直接從外觀區分其陰陽的「紙錢類」其實也是有著針對不同對象的陰陽區別，例如：燒化給往生者或是亡靈

---

[9]　李亦園《信仰與文化》。臺北：巨流圖書公司，1978，頁 129~131。

的「庫錢」乃是「陰」的;而每年農曆十二月二十九日晚上「送神」時所用的「雲馬總馬」則是屬於「陽」的。經過探究之後,觀察到臺南地區使用金銀紙錢的使用習慣,至今還是緊扣著傳統漢人的陰陽觀念。

這樣的區別我們還可以從觀察另一個情況來驗證,在寺廟中,會將燒金紙與燒銀紙的金爐作區別,如本研究中觀察所臺南市東嶽殿,廟方所設置的金爐即有區分為燒化給神明的壽金、天庫、天錢……等屬於陽的金紙之金爐,以及另一個燒化給亡靈祖先銀紙、庫錢、往生錢等屬於陰的紙錢之金爐。此外在本研究觀察的多次祭改補運儀式、臺南市所舉行普渡儀式時,燒化此兩種錢也都分別使用不同的金爐,彼此之間有嚴格的區分[10]。

---

[10] 在田調過程中,筆者曾經見到有民眾不知道兩個金爐之間的區別,而欲將銀紙在專門燒金紙的金爐中焚化,馬上被旁邊的其他民眾以及廟方人員予以糾正。另外在臺南市天壇的金爐旁邊也清楚看到廟方標明:「本壇天公金爐專門祭燒給神佛之金紙,如天公金、天界公金等類,屬於較陰的金銀紙(如九金銀等),請勿在天公金爐內祭燒」的字樣。

臺南市東嶽殿金爐　　燒化金紙的金爐　　　燒化銀紙的金爐
圖片 4-10 區分燒化金銀紙錢的金爐
照片來源（2004 年 8 月 11 日，臺南市東嶽殿）

二、金銀紙錢的顏色與漢人傳統宇宙觀念

　　除了從使用習慣上看出漢人的陰陽觀念如何在紙錢上實踐之外，從紙錢顏色的不同，也可以觀察出漢人觀念對紙錢顏色的影響。以上述陰陽觀念來討論，本文觀察臺南地區金銀紙錢的顏色，大致可以分為兩種顏色，其中一種是以黃色為主要顏色，另一種則是以白色為主要顏色。長久以來，在漢人的認知觀念中，早已自行衍生出不同顏色所蘊含代表的意義，例如將黃色視為是較尊貴、屬於陽的顏色，例如：中國皇帝所穿的龍袍乃採用黃色；而白色則通常被視為是屬於陰、較為不祥的顏色，例如在採用白色為主色的喪服。而對照本研究所採集到紙錢種類，也發現到在金銀紙錢的顏色採用上，亦符合上述的意義區分，表 4-1 呈現出臺南地區金銀紙錢的區別：

表 4- 1 金銀紙錢與陰陽觀念之關聯

代表觀念		陰	陽
主要顏色		白色	黃色
錫箔顏色		銀白色（不擦金漆）	金黃色（擦過金漆）
紙錢種類	有錫箔	銀紙	金紙（壽金、天公金…等）
	無錫箔	白古、白錢、庫錢…等	金古、金錢、黃高錢…等
使用對象		陰間亡靈、孤魂	神明
燒化地點		專門燒銀紙、庫錢及被認為較陰的紙錢的金爐（銀爐）	金爐

資料來源：本研究製表

　　由上列表格中我們可以看出，在臺南地區所使用的金銀紙錢，儘管種類繁多，但是大致不脫離傳漢人的陰陽觀念，同時並進一步將這樣二分觀念以顏色來做為更易區別不同金銀紙錢是屬於陰或陽的的準則。此外經過本研究分析，被人們認為是屬於祭拜陰間亡靈的紙錢，會使用白色的紙張、或貼上未擦金漆的呈銀白色的錫箔；而用來祭拜被人為屬於陽的上界神明所使用的紙錢，則是以黃色的紙張、或貼上因擦過金漆的呈現金黃色的錫箔。因此可以藉從漢人對於金銀紙錢的顏色區分上，看出根深蒂固所存在的傳統觀念，是如何透過另一種外顯的表現形式來加深原有的認知解釋以及如何在生活場域中具體使用。

　　此外，除了兩大類因為陰陽觀念所影響的紙錢顏色區分之外，另外漢人文化認知中對於天、地、水的觀念以及其所對應形成的三官大帝也影響到紙錢的顏色，茲以臺南市民眾使用於補運等儀式時，用來祭祀三官大帝的紙錢種類來討論：

表 4-2 漢人「天、地、水」觀念與紙錢顏色

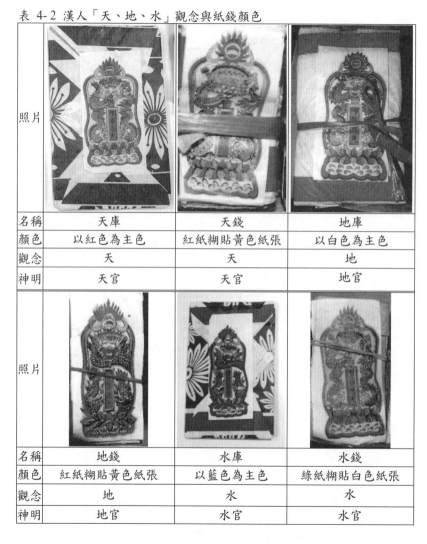

照片			
名稱	天庫	天錢	地庫
顏色	以紅色為主色	紅紙糊貼黃色紙張	以白色為主色
觀念	天	天	地
神明	天官	天官	地官
照片			
名稱	地錢	水庫	水錢
顏色	紅紙糊貼黃色紙張	以藍色為主色	綠紙糊貼白色紙張
觀念	地	水	水
神明	地官	水官	水官

　　由上表（表4-1）可看出因為漢人原先存在的天、地、水觀念，所以在製造以及選擇紙錢顏色時，亦遵照了這樣的分類規

則。在補運、祭拜天官時，會選擇使用天庫、天錢，而天庫主要
是以紅色為底色、天錢是黃色的紙張再以紅紙貼邊，紅色與黃色
都是中國人認為屬於陽性、尊貴的顏色；而在補運、祭拜地官時，
會選擇使用地庫、地錢，而地庫主要是以白色為底色、天錢是白
色的紙張，白色則是屬於陰的顏色，與上述天庫天錢所使用的黃
色、紅色是具截然不同意義的顏色，也正好對應了地官的角色；
至於使用於水官的水庫以及水錢，則是選擇使用藍色以及綠色，
從這兩種具有象徵水意義的顏色，同樣再次驗證紙錢顏色與漢人
觀念之間的關連。[11]

三、不同形式金銀紙錢中所包含的神明位階關係

　　最早提出金銀紙錢與神明位階關係乃為是李亦園於〈祭品與
信仰〉一文中所提出[12]，在經過田野調查之後亦觀察到此種關係
的存在，而且更進一步發現到除了李教授之前所提到的關係之
外，紙錢與神明位階關係的在臺南地區的使用規則更為仔細，茲
將本文於臺南市所調查到的情況製為表 4- 3：

---

[11] 另外，觀察臺南市所使用的花仔錢以及花仔庫之外包紙（花仔紙）乃
　　以五種顏色搭配而成，是否對應漢人傳統五行觀念，則因為傳統五行
　　所對應的顏色為黑、白、黃、紅、綠色，與花仔錢、花仔庫所使用的
　　綠、紫、白、黃、紅色之間仍有差異，所以還需要將來更多的調查證
　　據才有辦法釐清兩者之間的關連，故暫不做討論。

[12] 李亦園《信仰與文化》，臺北：巨流圖書公司，1978，頁 129~131。

表4- 3　紙錢與神明位階關係表

神明名稱	紙錢名稱	位階高低順序
玉皇大帝	大太極	1
三官大帝	二太極	2
南、北斗星君	三太極（財子金）	3
三官大帝（作為補運用）	天庫、地庫、水庫 （搭配天錢、地錢、水錢）	4
媽祖、保生大帝、文昌帝君、 城隍爺、月下老人……	壽　金	5
有應公、大眾爺、地基主……	九　金	6
虎爺、馬使爺	金　錢	7

資料來源：本研究整理

　　這樣的位階對應關係不只出現在祭拜不同神明所使用的紙錢上呈現，在本研究的觀察中（表4- 4），同一座寺廟如果祭拜不同的神明，甚至在其所販賣整份的紙錢的排列上也可看出端倪。就以本文研究的臺南市玉皇宮、天壇所販賣的紙錢做討論，可以看到一份紙錢的排列方式由上而下分別是：大太極、二極、三極、補運金（天庫、天錢）、壽金；而臺南市三官廟的每份紙錢的排列方式由上而下則是：二極（二太極用來祭拜三官大帝使用）、壽金；臺南市大天后宮、所販賣的一份紙錢的排列方式由上而下則為：補運金（天庫、天錢）、壽金。因此可以看出販賣的紙錢排列與神明位階的密切的關係[13]。

---

[13] 這裡必須要注意到的是，儘管廟方金銀紙部的工作人員以及販賣金銀紙錢的小販在筆者採訪時皆表示綑綁整份的紙錢時必須要按照上述所說的規則來排列，但是他們也提及在做綑綁的時候，常常因為顧慮到堆疊、拿取的方便，所以有時候並沒有完全按照上述的原理來做組合綑綁。

表 4- 4　臺南市寺廟所販賣的紙錢之排列

照片			
地點	臺南市天壇	臺南市三官廟	臺南市大天后宮
排列順序	1.二太極 2.大太極 （原應置於二太極之上） 3.補運金（天庫、天錢） 4.壽金	1.二太極 2.壽金	1.補運金（天庫、天錢） 2.壽金 註：包裹於補運金上的紙錢稱為「神財寶衣」，有人認為是用來拜天公，但也有人認為只是裝飾用途。

資料來源：本研究整理製表

　　關於金銀紙錢所蘊含的位階關係，除了在表 4- 3 所表現情況外，摒除作為補運用的天庫、天錢、地庫、地錢、天庫、天錢之外，用以專祀神明的金紙，從訪談的過程中，受訪者表示因為二太極是屬於燒化給三官大帝時使用，而三太極是燒化給南北斗星君時使用，所以如果是對於祭祀神明較為瞭解以及講究的民眾，在購買的時候二太極，就會購買三份（意指分別燒化三位大帝）；在購買三太極的時候，就會購買兩份（意指分別燒化給南、北斗兩位星君）因此在此本研究另外嘗試以圖 4- 2 來表示這樣的概念：

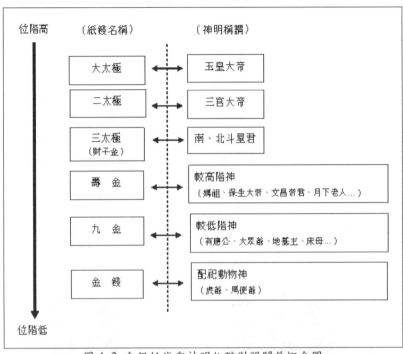

圖 4-2 金銀紙錢與神明位階對照關係概念圖

馬使爺　　　　　　　　　虎爺

圖片 4-11 使用金錢祭祀的動物神
照片來源（2004 年 6 月 17 日，臺南市開基武廟）

第三節　金銀紙錢的圖刻紋樣與寓意

一、金銀紙錢所使用的蓋印刻板印模

　　本文在此先將研究將所訪談的錦利號目前所繼續使用的刻板作介紹，並且將刻板以及蓋印完成的金銀紙錢成品對照呈現，方便於對金銀紙錢紋飾的初步瞭解，較為可惜的是錦利號最初所用的一批「木質刻板」由於當時未注意到其具有的價值，所以後來已全部丟棄，目前只保存仍在繼續使用的「橡膠製刻版」。茲將採集到的刻板呈現如下：

名稱	印模	成品
天金		
尺金		

福	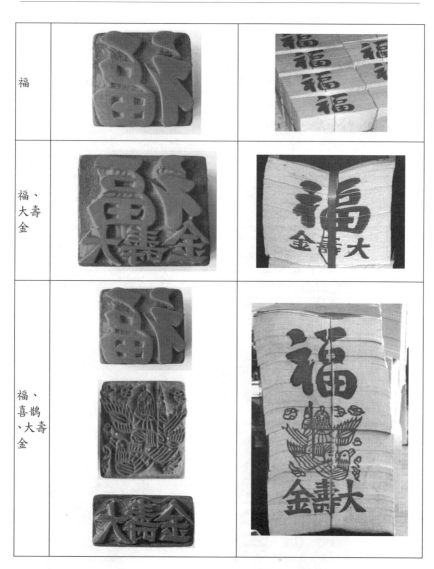	
福、大壽金		
福、喜鵲、大壽金		

頂上庄		
正庄 ＝乂 （24） 刈		
大玖金		
福祿壽		

正庄 大箔 ‖‖上 幼吧		
蓮花 金 (面紙 圖)		
蓮花 金 (側面 圖)		
蓮花 金		

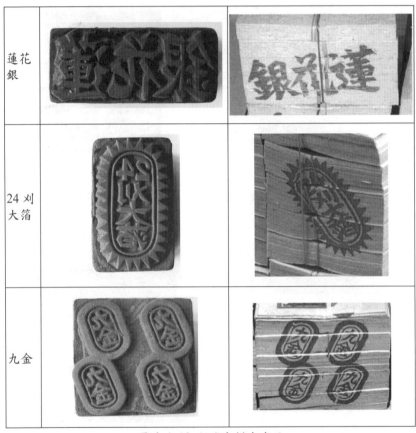

蓮花銀		
24刈大箔		
九金		

圖片 4-12　紙錢印模與成品
印模來源：臺南市錦利號金香舖

　　從上面所呈現的刻板，主要可以分析出，這些這些蓋印刻板印模上的圖案以及文字大約有兩種的功用，其一是作為標明商品種類、品質的符號（例如：天金、尺金、大壽金、九金、蓮花金、蓮花銀、24刈大箔、正庄大箔╫幼吧……等）；其二主要是作為具有吉祥祈福的裝飾圖案或字樣（例如：「福祿壽」字樣、「福」

字樣、「仙人」圖案、「喜鵲」圖案、蓮花圖案……等），而這類具有吉祥祈福的裝飾圖案的分別意涵則待本節第二部份再說說明。

　　除了上述這些以前所流傳下來的刻印圖案之外，受訪的黃烈堂先生也表示，如果前來向錦利號訂購產品的販售商有特殊的要求的話，通常也會依他們的要求而有製作特殊圖案的金銀紙錢，茲將所採集到的特殊圖案之刻板，整理如下：

圖片 4- 13 依訂購商要求所加印「龍」圖案的兩種刻板印模

　　圖片 4- 13 的刻板印模乃是因為來向錦利號訂購壽金的販售商，表示希望能夠加蓋上有龍的圖案，會較為討喜也容易獲得消費者的青睞，因此錦利號乃依據其要求而訂製這樣的刻板印模以符合顧客的需求。

圖片 4- 14 依訂購商要求所加印「麒麟」圖案的兩種蓋印

　　同樣的，在前述部分（圖片 4- 15）看到加印麒麟圖案的壽金，也是因為前來訂購的販售商希望再所訂購的紙錢上能夠有不同於其他商家的圖案，因此在壽金的側面蓋印的圖案上指定以麒麟來代替以往慣用的仙人、喜雀圖案。同時，亦有前來訂購九金的販售商要求在側邊蓋上麒麟的圖案，製照商也會依其要求而生產有此種蓋印的紙錢。

　　除兩上述兩種因為美觀或是符合消費者喜好而印製特別圖案的紙錢之外，以往在紙錢上也會蓋有製造生產、販賣零售商的商號，不過根據本研究的訪談對象黃烈堂先生表示，以往由錦利生產的紙錢，會蓋上他們的商號，不過由於來向錦利號訂購紙錢的其他商家認為如此一來，就容易使得消費者得知他們所訂購的紙錢是錦利號生產的，所以有些商家乃會要求錦利號另外生產蓋有他們商號的紙錢（可以看到的「振華昌」、「石生蘭」的店號），而後為了避免同樣的困擾產生，因此目前大多以「福祿壽」三字來代替所蓋印上的商號。

加印商家店號「錦利」的刻板印模

加印商家店號「振華昌」的刻板印模

加印商家店號「石生蘭」的刻板印模

以「福祿壽」三字代替店號的刻板印模

圖片 4- 15 九金、九銀正面蓋印所用的刻板印模

二、金銀紙錢中的圖飾與象徵意義

　　以往在探討金銀紙錢的圖飾時，往往都是以民俗版畫的角度來分析，因此大多對於紙錢部分敘述不多，直到在本文撰寫過程期間，另外由林育本所著的碩士論文《臺灣祭祀紙錢圖像之研究》

[14]一文以圖像學的研究方法對於金銀紙錢的圖像做詳細的說明分析，關於金銀紙錢上的圖飾以及意涵才有了研究的開始。本部分將以林育本的研究為參考資料，同時為避免與其所進行的分析結果有所重複，同時因為林育本一書中的分類與本文有部分的差異（如本研究不將人形替身、十二生肖替身列入金銀紙錢的部分），故不再以詳細的各項分類說明，而著重在臺南地區所採集到的圖案資料來做整體分析。

在討論金銀紙錢的圖案所蘊含的意義時，回顧中國民間美術的相關研究，常可發現漢人對於「吉祥」觀念的強調，而根據研究學者楊學芹在《民間美術概論》中分析中國民間美術裡的「意象美學結構」而認為民間美術可分為祝福祈祥、鎮妖辟邪、愛情婚姻、家族繁衍、神靈聖賢這五類意向。而莊伯和也同樣認為中國美術圖案演變至明清之後，已經形成「圖必有意、意必吉祥」的地步，同時在民間工藝的使用圖案中也常使用的「辟邪」圖案則其實是一種更積極的「招福」意義存在，因此不論是研究金銀紙錢上的圖案或是於其他工藝品上的裝飾圖案紋飾，寓意吉祥可說是這些民間美術的共同特色。[15]

根據莊伯和的分類，臺灣的民間吉祥圖案大致可分為動物、植物、器物與符號、神祇、文字等五大類。而分析在金銀紙錢上的裝飾圖案以及符號也大致符合上述學者的分類，因此針對這些具有意義形式的、蘊含吉祥為主要意義的傳統民間美術所應用的

---

[14] 林育本《臺灣祭祀紙錢圖像之研究》樹德科技大學應用設計研究所碩士論文，2003，頁 77~187。
[15] 莊伯和《臺灣民間吉祥圖案》臺北：國立傳統藝術中心籌備處，2001，頁 17~18。

圖案，以下本節將以在臺南市所採集到的金銀紙錢依據莊伯和分類分析，各舉出幾個例子說明金銀紙上之紋飾以及其寓意。

（一）文字

　　長久以來，中國工藝品以文字作為裝飾的情形就一直不曾間斷，從殷商時代的青銅器上就已經出現了「子子孫孫永寶用之」之類的銘文，漢代的銅鏡有「長宜子孫」、「壽如金石」、「位至高卿」等字樣；織錦上也有「延年益壽大宜子孫」、「如意」……等吉祥文字，再加上漢字所具有的字型特色，也可以轉化為不同美術造型，形成不同的美觀裝飾以及蘊含豐富的趣味，這種將祈祥納福相關概念以文字裝飾呈現在所使用的器物上的習慣，延續到近代，也隨著漢人移民而影響到臺灣民間工藝裝飾上的使用，如傳統建築上的窗飾、牆飾從臺灣民間所使用的日常物品甚乃至於食品上，幾乎都不難見到吉祥文字的應用。[16]

　　1.卍

　　卍原為梵文，並非真正的漢字，直到唐代才被採用為文字，讀作「萬」，被視為具有吉祥萬福的意義，也被拿來當作萬字的變體字，卍字自四端縱橫延伸，同時也常互相連鎖構成不同的花紋，蘊含綿延不斷於永恆長遠之意，在衣物、建築、家具……等漢人的工藝作品中的常可見到其廣泛的運用。[17]而使用此種文字圖飾的紙錢，而本研究所採集到的紙錢中，在作為給往生者使用

---

[16] 莊伯和《臺灣民間吉祥圖案》臺北：國立傳統藝術中心籌備處，2001，頁 34。

[17] 野崎誠近 著 古亭書局 編譯《中國吉祥圖案》，臺北：眾文出版社，1994[1928]。頁 19。

的往生錢上常可見使用。

卍字的牆面裝飾
照片來源（大肚磺溪書院）　　　往生錢上的卍字圖紋

圖片 4-16 卍字圖案

2.福

　　根據《尚書·洪範》中所言：「五福：一曰壽，二曰富，三曰康，四曰攸好德，五曰終考命」[18]，其中攸好德乃是指擁有良好的德行，終考命則是指能夠善終而非發生意外死亡，所以福既可是有財富、也可是指長壽、身體康泰、亦可以指平安順利……等含意，因此可說是所有幸福相關概念的總和。在本研究所採集到的紙錢中，「福」字可以是最常使用在金紙上的裝飾文字。

3.囍

　　而臺灣民間也常使用兩個喜字所組成的「囍」，稱之為雙喜，在此指的並非文字而為一種圖案，通常在結婚的用品中最常見到使用，含有吉祥以及雙重用的用意。[19]在壽金的側邊蓋印上較常

---

[18]　（漢）孔安國著《尚書》，臺北：中央圖書館，1991，頁 170。

[19]　野崎誠近 著 古亭書局 編譯《中國吉祥圖案》，臺北：眾文出版社，
　　　1994[1928]，頁 121。

使用此種文字。

| 囍字圖案的窗戶造型
照片來源（豐原萬選居） | 壽金上的囍字圖案 |

圖片 4-17　囍字圖案

4.壽

《尚書·洪範》中所言：「五福：一曰壽，二曰富，三曰康，四曰攸好德，五曰終考命」[20]，因此壽甚至被認為排行在五福之首，表示出人們對於長壽追求的渴望，因此在建築、器物上的固定裝飾，也都少不了「長壽」題材。在壽金上亦常使用「壽」字，一方面可以標示出此種金紙為壽金，另一方面也蘊含著長壽的意涵。

（二）動物

1.龍

在漢人的傳說中，龍相傳為神靈之精，四靈之長，而又依據其不同的形態再分為蛟龍、應龍、虯龍、螭龍、蟠龍、蜻龍、火龍、鳴龍……等，同時又因時代之別而型態各異。在《說文解字

---

[20]　（漢）孔安國著《尚書》，臺北：中央圖書館，1991，頁170。

注》一書中解釋龍如下：「龍，麟蟲之長，能幽能明，能細能巨，能短能長，春分而登天，秋分而入淵[21]」，可知在中國人的觀念中，龍是一種神靈幻化的理想性動物，因其具有的超自然的象徵，同時也成為神力的形象，而為原始社會的崇拜物。而後因為龍，也被中國的帝王們所被認為具有尊貴、權威的象徵意涵，也同時也被漢人視為是吉祥的瑞獸。因此在祭祀具有崇高地位的神明以及用於喜慶的物品之上，也常使用龍的圖案。

廟頂建築裝飾的龍形剪黏
照片來源（善化東嶽殿）

地庫上所印的龍形圖案

圖片 4-18 龍圖案

2.鳳凰

鳳凰乃是百鳥之長，雄性稱為「鳳」，雌性稱「凰」，古代的中國人認為鳳凰乃是能知天下治亂的靈鳥，因此只有在太平盛世的時候才會出現，也因此鳳凰也被視為具有祥瑞以及尊貴之象

---

[21]　（清）段玉裁著《說文解字注》，臺北：藝文印書館，1959，頁 588。

徵涵意。同時可依其不同的造型圖案再作區分，如畫成圓形的鳳凰稱為「團鳳」，將兩隻鳳凰畫在一起叫「雙鳳」，若為龍鳳相抱的圖案，則稱為「龍鳳呈祥」；與麒麟相抱的，則稱為「鳳麟呈祥」，鳳凰的圖案在結婚用品上多可見到使用。[22]

3.蝙蝠

而蝠與福同音，所以常使用蝙蝠的造型來借喻其所希望蘊含「福」的概念。臺灣民間因此常以蝙蝠圖案作為裝飾，藉以象徵具有幸福、福氣的意涵。

4.麒麟

麒麟和鳳、龜、龍合稱為「四靈」，是傳說中的仁獸，雄為麒，母為麟，另外也有傳說因為孔子出生時其母夢見麒麟，因此有「麒麟送子」之由來，與「麟趾呈祥」皆是用來祝頌生育、結婚，而「麟吐玉書」、「麒麟負書」則表示有出習、有學問之吉祥徵兆。[23]

---

[22] 野崎誠近 著 古亭書局 編譯《中國吉祥圖案》，臺北：眾文出版社。，1994[1928]，頁 619。

[23] 莊伯和《臺灣民間吉祥圖案》臺北：國立傳統藝術中心籌備處，2001，頁 44~45。

牆面的麒麟裝飾石雕
照片來源（臺南市大天后宮）

壽金側編所蓋印的麒麟圖案

圖片 4-19 麒麟圖案

5.喜雀

民間俗信，喜鵲乃是報喜之鳥，因此俗稱為「喜鳥」，在民間的工藝作品中，常常以喜鵲為裝飾圖案，寓意有喜。[24]《開元天寶遺事》中提到：「時人之家，聞鵲聲，以為喜兆，故謂靈鵲報喜」[25]，因此可知喜鵲長久以來即被視為吉鳥，被認為可以具有為吉祥、功名、幸福的意義[26]。

（三）植物

1.蓮花

根據周敦頤的《愛蓮說》記載：「予謂菊花之隱逸者也，牡丹花之富貴者也，蓮花之君子者也」，因此蓮花一直被視為具有

---

[24] 野崎誠近 著 古亭書局 編譯《中國吉祥圖案》，臺北：眾文出版社，1994[1928]，頁 121。

[25] 《開元天寶遺事》臺北：藝文印書館，1968，下卷 頁 15。

[26] 莊伯和《臺灣民間吉祥圖案》臺北：國立傳統藝術中心籌備處，2001，頁 48~49。

純潔意涵的「花中君子」，此外蓮花由於是花與果同時生長的植物，以及蓮花的蓮與連生的連同音同聲，因此也被漢人引伸為具有「連生貴子」寓意，也被認為是屬於吉祥的植物。[27]

窗戶上的蓮花形裝飾木雕
照片來源（豐原萬選居）

蓮花金側邊所蓋印的蓮花圖案

圖片 4-20　蓮花圖案

2.芙蓉

根據《儀禮》中的記載：「夫尊於朝，妻貴于室矣」[28]另外在《白虎通》中也有記載：「婦人無爵，而嫁從夫；故夫尊於朝，妻榮於室」[29]，在以往的觀念中認為，若所嫁之夫能夠顯赫發達，妻子自然也隨之顯貴，而芙與夫同音同聲，蓉與榮同音同聲，而芙蓉因有「夫榮」之音，故長久被具有富貴之意。時至今日，雖然當代的女性可以不需要依賴丈夫而榮貴，但是「芙蓉」同樣因為音近於「富榮」，所以仍被視為象徵有富貴及吉祥之意[30]。

3.卷草

卷草紋又稱為蔓草、忍冬紋，卷草紋的使用，大約佛教東傳

[27] 同註 24，頁 376。

[28] 《儀禮》卷第十一　服喪　子夏傳，臺北：藝文印書館，1968，頁 4。

[29] 《白虎通事》卷一上，臺北：藝文印書館，1968，頁 5。

[30] 野崎誠近 著 古亭書局 編譯《中國吉祥圖案》，臺北：眾文出版社，1994[1928]，頁 364。

之後才開始被大量引進中國使用，卷草紋以波浪、蔓延、卷曲為特色，因為其蔓延以及不斷成長的特性，被漢人認為具有「綿綿瓜瓞」的意涵，被引伸為生命繁殖的意義[31]，所以在紙錢上同樣可以見到這種圖案的使用，例如在本研究所採集到用來祭祀臨水夫人、花公花婆等神明所使用的「花腳錢」以及「花腳庫」這兩種紙錢上，都印有卷草的圖案。

4.柿

「柿」與「事」同聲同音，搭配上不同的圖案也可以構成不同意涵的民俗圖案，如搭配如意，成為「事事如意」、搭配橘、桔成為「萬事大吉」，而在臺灣民間傳統建築上常可以見到的「柿蒂紋」因為表示著「事事如意」的意涵所以一直被廣泛的運用[32]，而這樣的圖案同樣也被應用到金銀紙錢上，在尺金的正面圖案上，就可以看到以柿蒂紋為裝飾圖案。

柿蒂紋窗櫺
照片來源（豐原萬選居）

尺金上的柿蒂紋裝飾

圖片 4-21 柿蒂紋圖案

---

[31] 莊伯和《臺灣民間吉祥圖案》臺北：國立傳統藝術中心籌備處，2001，頁 72~73。

[32] 同註 30，頁 94。

（四）器物與符號

1.錢

錢從古至今都被視為寶物，具有財富以及富貴的象徵意義，所以除了以圓形古錢形狀的圖形運用於裝飾之外，也會配合其他的文字或是圖形構成具有吉祥含意的圖案[33]，在紙錢上的應用則有「花腳錢」以及「花腳庫」以及新式紙錢中的「財神金」常會被使用。

| 神明儀杖上的錢紋圖案
照片來源（臺南市大天后宮） | 陰陽錢上的錢紋裝飾 |

圖片 4-22 錢紋圖案

2.元寶

元寶與古錢同樣具有代表財富的意義，此外因為「元」還帶有功名的意義，例如將三個元寶疊在一起即有「三元及第」的意涵[34]，所以在臺灣傳統工藝品上也常見使用，而元寶的圖案在金

---

[33] 野崎誠近 著 古亭書局 編譯《中國吉祥圖案》，臺北：眾文出版社，1994[1928]，頁 83。

[34] 莊伯和《臺灣民間吉祥圖案》臺北：國立傳統藝術中心籌備處，2001，

銀紙錢上的應用，則以新式紙錢上較常出現。

3.雲

雲不僅是能夠代表上天或神仙的坐乘，有因為雲能生成滋潤萬物的雨水，一方面因為代表天，一方面代表所謂的祥雲、慶雲、青雲，皆被視為吉兆，故同時民間普遍認為「祥雲瑞日」都是吉祥的象徵，因此從雲的形象所轉化的各種圖案，如：「雲頭」、「雲紋」、「祥雲錦」也都被廣泛的應用在工藝品的裝飾上。

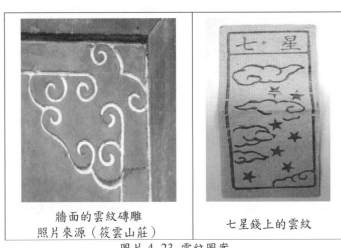

牆面的雲紋磚雕　　　　　　　　　　七星錢上的雲紋
照片來源（筱雲山莊）
圖片 4- 23　雲紋圖案

4.寶卷

關於民間所謂的八寶，又兩種說法，其中之一為：珠玉、金錢、方勝、書籍、色取（鏡子）、玉磬、角杯、蒿葉。[35]所以代表書籍的書卷、卷軸，也時常出現在民間工藝品之中，如有在金

頁 106。

[35] 莊伯和《臺灣民間吉祥圖案》臺北：國立傳統藝術中心籌備處，2001，
頁 98。

銀紙上印有神明手持寶卷的圖案，另外天金正面的圖案上，即是以寶卷作為裝飾。

 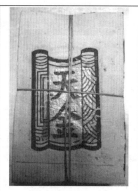

牆面的寶卷形裝飾
照片來源（筱雲山莊）

天金上的寶卷圖案

圖片 4-24 寶卷圖案

5.寶珠

　　因為珠玉也為八寶之一，代表珍貴吉祥之物，所以臺灣民間工藝品上也常可見到龍、獅逐遊戲寶珠圖案。而在本研究所採集到的「財神寶衣」的紙錢上，就是以一對龍鳳以及帶有火焰的寶珠，呈現出「龍鳳戲珠」的圖案。

（五）神祇

1.福神

　　福神不一定為特定的神祇，根據民間的傳說從唐至元、明時代乃是以道州刺史為福神，之後到宋代時則以真武大帝為福神，同時也因為「天官賜福」的民間信仰觀念，所以一般也常有將天

官視為福神的情況產生[36]。

2.祿神

祿神的傳說來自於祿星，也有人認為祿神的產生與張仙有關，又因為民間傳統美術作品中有「張仙送子」的圖案出現，因此在福祿壽圖案中，祿星常會懷抱一子。祿與福、壽合稱為三星，或稱為財子壽三仙，有時與八仙相配。[37]

3.壽神

壽星在臺灣民間信仰中被認為是天上二十八宿星辰中的「角」、「元」二星，或南極老人星，故通常壽星即被視為是南極仙翁，在明朝以前，中國的各個朝代都祭祀有壽星，希望藉以祈求國運的昌隆[38]。同時因為常受自古以來都是人們所追求渴望的目標，因此壽星的圖案也常被使用在民間的各種工藝品上。

廟頂建築裝飾的福祿壽剪黏
照片來源（臺南市縣城隍廟）

天公金上的福祿壽圖案

圖片 4-25 福祿壽三仙圖案

[36] 莊伯和《臺灣民間吉祥圖案》臺北：國立傳統藝術中心籌備處，2001，頁 110。

[37] 同註 36，頁 111。

[38] 同註 36，頁 110。

4.天官

道教有天官、地官、水官三官的概念，並且認為人間的福禍主要即是由三官負責掌管，其中又以天官被視為具有最崇高的地位。臺灣民間也常以天官為福神，與祿壽並列，或是以天官代表福祿壽，因此在民間美術圖案上常可以見到「天官賜福」的圖案。[39]

5.財神

由於中國人對於財富的追求，因此對於財神的重視一直不亞於其他神明，但是在臺灣民間所認定的財神總類繁多，例如：五路財神、八路財神、文財神、武財神等，文財神被認為以比干以及范蠡為對象，武財神則有關公、趙公明為對象。除了上述的對象之外，在臺灣民間信仰觀念中也常將土地公以及虎爺視為財神。[40]在新式紙錢中用來祈求財神賜予財富的財神金紙上，幾乎都有財神圖案的使用。

6.土地公

土地公又被稱為福德正神，是大眾最親近的神明，由於對土地公的信仰起源來自餘對於土地的仰賴，因此從祈求生命的繁衍、農作豐收、升官、轉職……等民眾都會向土地公祈求願望的實現[41]，同時因為前述已經做過說明的情況，土地公也被臺灣民眾認為具有財神的神力，因此在新式紙錢中用來祈求土地公的金紙上，也使用了土地公的圖案。

---

[39] 莊伯和《臺灣民間吉祥圖案》臺北：國立傳統藝術中心籌備處，2001，頁110。

[40] 同註39，頁111。

[41] 同註39，頁112~113。

土地公神像
照片來源（臺南大天后宮）

新式紙錢上的土地公圖案

圖片 4- 26 土地公圖案

　　上述部分乃是各舉出民間吉祥圖案中五大類分類中與金銀
紙錢圖案相關的一些例子，下面的部分，則再另外舉出兩個例
子，以更清楚的瞭解到民間吉祥圖案在金銀紙錢上的各種使用狀
況：

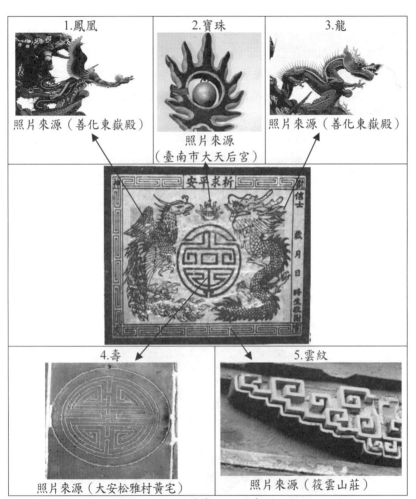

圖片 4-27 財神寶衣上的吉祥圖飾

　　從圖片 4- 27 可以看到光是「財神寶衣」這種紙錢上，就已經運用了五種民間吉祥圖案，因此也可說，用來祭祀神明的紙錢，不但是承載著民眾對於神明的敬意以及祈求個人願望的實

現，同時從紙錢上的圖案，還可以發現民眾對於趨吉避凶認知觀念的重視，因此在設計這種在宗教活動中不可或缺的祭祀物品時，都會使用吉祥圖案來裝飾。下面（圖片 4-28）再以祭祀臨水夫人、床母、花公花婆的花腳庫以及花腳錢上所包裹的「花仔紙」上的紋飾，再次說明這樣的情況：

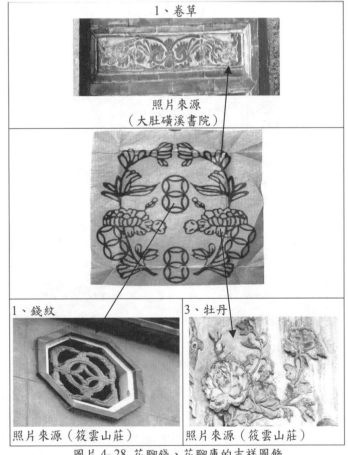

1、卷草

照片來源
（大肚磺溪書院）

1、錢紋

照片來源（筱雲山莊）

3、牡丹

照片來源（筱雲山莊）

圖片 4-28 花腳錢、花腳庫的吉祥圖飾

　　因此可以看出，金銀紙錢上的使用圖案，大致上還是與臺灣民間信仰中於吉祥納福的各種圖案有關，同時在民間工藝、傳統建築上所常運用各種符號、紋樣也被大量的使用在金銀紙錢上。

三、「臺灣製」對金銀紙錢與庫錢的意義

（一）金銀紙標明「臺灣製」之意義

　　在本研究的田野調查過程中，發現到目前臺南市所販售以及製造的金銀紙除了以錫箔大小區分為不同「刈」的金銀紙（如：「12 刈」、「18 刈」、「24 刈」、「30 刈」、「36 刈」），以及不同的紙質所製造的紙錢（如：「粗金」、「足百壽金」的分別）之外，目前另外還有在金銀紙錢上面印有「臺灣製」印記以及沒有印上「臺灣製」印記的金銀紙。而有沒有蓋上此印記的差別則在於，如果有蓋上臺灣製印記的金銀紙，則是表示這份金銀紙是在臺灣製造的，而非從國外進口，金銀紙業者為讓習慣偏好購買臺灣本地出產金紙的消費者能夠與其他進口金紙較容易區分，於是會特別在金紙上蓋上「臺灣製」的印記，而沒有蓋上「臺灣製」的金銀紙則較有可能是是從國外所進口，或是採用已經從國外加工製造到一定程度，再回臺灣在繼續完成後續加工程序的金銀紙。

　　然而，根據本研究的訪談對象表示，儘管印有「臺灣製」的金銀紙，表示是在臺灣製造的產品，但是目前由於臺灣的生產成本高漲，所以在臺灣所製造的金銀紙大部分是有機械製造，上面所貼的錫箔乃是俗稱「機械箔」的化學顏料、鋁箔或色帶，而非使用真正的錫箔，所以如果是很講究紙錢上所使用的錫箔是不是真正錫箔的消費者，因為這樣的考量也就不見得會購買臺灣製的

金銀紙[42]。因此金銀紙錢的販賣零售商往往也會依據顧客的喜好以及要求，準備不同種類（不同錫箔大小、不同紙質、不同製造地）的金銀紙提供消費者作為選擇。這是金銀紙與其他紙錢相較之下最大的變化多樣性。

紙錢側面蓋有「臺灣正庄」（真　　紙錢正面上蓋有「臺灣製」標明
正臺灣製造）標明印的壽金　　　　　印的九銀

圖片 4- 29 標示有臺灣製標明印的金銀紙

（二）庫錢標明「臺灣製」之意義

在本研究的觀察中，發現到由雙銘號所製造的庫錢，在其外層的紙張上都會標明「臺灣製」，根據雙銘號的老闆娘顏太太表示，之所以要特別在他們所製作的庫錢上標明是臺灣製的原因，主要是為了與進口的紙錢作區別[43]。

---

[42] 就以本研究所採集觀察臺南市金銀紙錢販賣商及寺廟所提供的壽金
來說，目前大部分裱貼真正錫箔的金銀紙，多是由人工較便宜的越
南、印尼、中國等國所進口，而非臺灣本地所製造。

[43] 臺南市雙銘行老闆娘顏太太表示，目前臺灣百分之九十的庫錢都已經
採進口。為了避免有不肖的業者將進口的庫錢冒充成臺灣製的庫錢販

　　以雙銘號所製作的紙錢為例，每一片的庫錢都必須由一百張紙張所製成，而且每一片庫錢上面必須要有六條斬孔，而且由於在臺灣製作廠商對每一片庫錢內含紙張數量還相當堅持，所以會因為每一批進口的原紙在品質的差異，使得每一片庫錢的厚度其實是無法固定的。而從國外進口的庫錢則是恰好相反，因為貨物運輸的方便，所以由國外所進口的庫錢通常是有一定的厚度規格，至於每一片紙張的所含的紙張數、斬孔，則不是國外進口庫錢所重視的部分，以筆者所採集到的樣本為例，每一片進口的庫錢中內含 13 張紙張，紙張上有兩條斬孔，另外所使用的紙張乃是以較粗糙的「草仔紙」所製成[44]。

---

[44]　售，由於一般消費者通常無法從外觀辨識庫錢是否為國外進口的，因此由雙銘行所製作的庫錢乃在庫錢外層印上「臺灣製」的識別標誌。根據臺南市雙銘號老闆娘顏太太的解釋，因為進口的庫錢乃是以貨櫃裝運，所以必須要嚴格限定每一份庫錢的厚度才能夠符合貨櫃的大小，達到最大的經濟效益，因此進口的紙錢通常有固定的厚度。但是由於市場的競爭，以及一般消費者對於庫錢好壞的分辨能力也不足夠，所以進口業者往往為了降低價格提高競爭力，除了保持外觀包裝與臺灣製的庫錢相似之外，在內層的庫錢通常會使用品質較差的紙張（如：以草仔紙代替竹仔紙）或是省略在紙錢上斬孔的步驟來降低成本，甚至在庫錢、紙料缺貨的時候，還曾經有不肖的業者以其他材料填充蒙混的情況發生。

進口的庫錢（內層）

臺灣製的庫錢（內層）

進口的庫錢與臺灣製造的庫錢

特別註明為「臺灣製」的庫錢
外包紙

圖片 4-30 有無標示臺灣製標明印的庫錢之比較

第五章

臺南市金銀紙錢的變遷

第一節　新形式紙錢的出現以及其種類

　　在本研究中所稱的「新式金銀紙錢」主要分為兩種類型，第一類是約於民國八十年左右所出現的「往生錢」、「壽生錢」的新式「經文式紙錢」；第二類則是以約於民國八十五年左右出現以各種特定對象（如：財神、土地公、文昌帝君、太歲星君、註生娘娘……）為主的新式「特定用途式金銀紙錢」，這兩種近年出現的新式金銀紙錢[1]如下：

一、經文式紙錢：「往生錢」、「壽生錢」、「大悲咒」、「賜財平安經文」

　　「往生錢」、「壽生錢」這些新出現的紙錢最大的特色在於，這些紙錢的構成基本觀念含有「經文」的用途，而且不同於一般經文主要是以「唸誦」的方式來祈求達到避災、趨吉、保平安等的觀念，這些新式的「經文式紙錢」主要訴求「燒化」這些經文，同樣也可有避災、趨吉、保平安等的效果。然而或許是新式紙錢尚處於各家廠商自行發展、表述的階段，因此相較於其他早已存在而有較嚴格的製作形式的紙錢來說是有很大的不同的，所以新式紙錢的樣式、尺寸以及使用的文字符號，除了幾項基本構成的圖形、文字較為固定之外，其他部分似乎都還有很大的彈性變化，茲將本研究田調中，所見到的幾種樣本略陳如下：

---

[1]　筆者訪談臺南市金銀紙業者以及宗教執事人員而得知。

（一）往生錢

　　根據田野資料，往生錢主要是用來燒化給已經過世的往生者，但是必須要注意的是往生錢的功用與其他紙錢蘊含有「錢」的意涵有所不同。在臺灣傳統的民間信仰習俗中，一旦人過世之後，可能必須先經過閻王的審判、十八層地獄的考驗，待償還完在陽世間犯下的過錯之後，才能再次的投胎轉世，因此據說使用這些紙錢有幫助往生者早日超度、順利轉世的功能，有法力的加持作用。另外，在調查過程中也採集到另一種說法，根據受訪者表示，在經營生意時，可能會有所謂的「冤親債主」[2]阻擋了生意的順利經營，因此為了消除這些業障，生意人也會燒化往生錢給那些「冤親債主」，而希望使經營的生意順利。

圖片 5-1 往生錢

照片來源（臺南市米街金香舖、錦利號金紙紙店以及筆者收集）

（二）「壽生錢」

　　不同於「往生錢」的用法，使用壽生錢主要的用途是於神佛壽誕時，敬獻、燒化這些紙錢替神明「祝壽」，表達信徒心中對

---

[2]　在民間信仰觀念中，所謂的「冤親債主」，乃是可能因為前世或今世與人有過節，這些孽緣如果沒有化解的話，可能就會因此而影響到現世的命運或是運途。

於神明的敬意。同時也有民眾認為燒化這種紙錢是用來祈求神明
讓自己延年增壽。

圖片 5-2　壽生錢
照片來源（臺南市米街金香舖、錦利號金紙紙店以及筆者收集）

（三）「大悲咒」（大悲神咒）

　　在一般臺灣民眾的認知中，「大悲咒」的咒文具有消災避難
的法力，而延伸唸誦「大悲咒」幫助往生者超度、轉世的觀念，
這些上面印製著「大悲咒」的紙錢，也通常代表具有唸誦大悲咒
所會產生的效果，通常這種「大悲咒」紙錢的使用對象也是以過
世的往生者為主，使用的時機與對象較類似前述的「往生錢」。

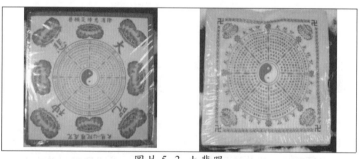

圖片 5-3　大悲咒
照片來源（臺南市米街金香舖、錦利號金紙紙店以及筆者收集）

（四）「賜財平安經文」（增財錢）[3]

依本研究調查，此種紙錢的用途，主要是在於祈求能夠得到神明賜予財運以及平安順利，其使用的時機與對象較類似前述的「壽生錢」。

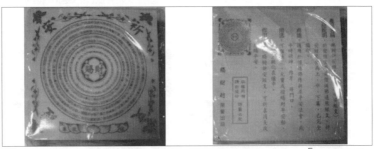

賜財平安經文　　　　賜財平安經文所附的「使用說明」
圖片 5-4 賜財平安經文
照片來源（臺南市米街金香舖、錦利號金紙紙店以及筆者收集）

二、特定用途式紙錢

這些以別對象為主（如：財神、土地公、文昌帝君、太歲星君…）的新式「特定用途式紙錢」，此種類的紙錢由於出現的年代尚近，雖然與前述的「往生錢」、「壽生錢」、「大悲咒」、「賜財平安經文」這四種紙錢同樣為新式紙錢，但是在使用意義、種類的變化和發展性上還是較前述的紙錢有更大的不確定性，而且由於不同的製造商也不斷的推陳出新、設計出不同種類的新式金銀紙，要在本研究中包括到臺灣目前所有的此種新式紙錢的種

---

[3]　筆者所訪談的臺南金銀紙錢店家中，也稱此種紙錢為「增財錢」，據業者表示前來購買此種紙錢的民眾認為在祭拜神明時，燒化此種紙錢可以為自己增加財運，所以稱之為增財錢。

類尚有困難，且臺灣地區每個區域對於新式紙錢的接受度也不見得相同，故在此僅列出目前所採集到的幾種樣本舉例說明之：

（一）五路財神金

使用此種紙錢的民眾主要是希望能夠藉由焚燒此種紙錢表達出對神明的敬意，希望五路財神可以為自己帶來財運。

圖片 5-5 五路財神金
照片來源（臺南市米街金香舖、錦利號金紙紙店以及筆者收集）

（二）八路財神金

與五路財神金作用相似的八路財神金也是民眾希望能夠藉由祭拜、燒化此種紙錢而請八路財神們能夠替他們帶來好財運，或是答謝財神們替民眾達成願望。

圖片 5-6 八路財神金
照片來源（臺南市米街金香舖、錦利號金紙紙店以及筆者收集）

（三）土地公金

土地公又稱為福德正神，在一般信仰認知中，除了可以保佑住宅平安之外，民眾還認為土地公可以幫助經營生意者能夠一帆風順，財源廣進，所以已經將其所司職責提升到類似財神的地位，所以民眾也期望藉由使用此類的紙錢達成他們的願望。

圖片 5-7 土地公金
照片來源（臺南市米街金香舖、筆者收集）

（四）文昌金

在民間信仰中認為文昌帝君乃是負責掌管升學考試的神明，因此使用此種紙錢的民眾乃是希望可以透過此種紙錢表達心中對神明敬意，也希望神明可以保佑學子考試順利、金榜題名。

圖片 5-8 文昌金
照片來源（筆者收集）

（五）地藏王金

根據田調所得到的資料[4]顯示，因為人一生中難免會造業障，不管有意無意總是有可能在前世今生結怨，所以如果為求化解，則可以使用此種紙錢，請地藏王菩薩做主，化解這些前世今生的「冤親債主」。

（六）天蓬元帥金

「天蓬元帥」乃是俗稱的「豬八戒」，因其在傳說故事中的角色，使得天蓬元帥成為某些特種行業的守護神，所以此種紙錢就成為一些經營夜間生意或是酒水、理容、按摩業有關行業的業者，希望天蓬元帥能夠替他們招來客人時所使用，也可以歸類於「發財金」功能的紙錢之一。

（七）嬰靈金

根據田調所得到的資料[5]，如果曾經流產或是墮胎過的婦女或是夫婦，可以燒化這種紙錢來祈求讓這些沒有順利出世的「嬰靈」可以早日投胎、幫助超祓引渡。[6]

---

[4] 本資料乃是由雙銘行所提供，由新式金銀紙製造商（「金龍浩陽」公司）印製贈送的「產品目錄」中所說明的產品介紹。

[5] 同註4。

[6] 在此有一個值得注意到的部分，以往這種燒化給屬於陰間亡靈、孤魂的紙錢，通常會使用「銀紙」類的紙錢，但是在新式紙錢中，屬於陰間亡靈的嬰靈，卻採用嬰靈「金」，這樣的轉變，也顯示了目前關於傳統「陽陰」相對照「金銀」的觀念開始漸漸有鬆動的改變。

圖片 5-9 地藏王金　圖片 5-10 天蓬元帥金　圖片 5-11 嬰靈金
圖片 5-12 其他的特定用途式紙錢
照片來源（林俊輝道長收集）

第二節　新式金銀紙錢的特徵與變化

一、「經文式紙錢」之特徵變化與分析

綜觀上述四種紙錢新型的紙錢，可以看出有下列幾項特徵變化，以下分別說明之：

（一）大小尺寸的變異性

從實際調查所採集到的各種樣本，上述的四種紙大致上都有大、中、小三種尺寸。而這類型的紙錢尺寸的變化與「天公金」有三種尺寸的意義是不同的，天公金依大小不同而分為「大太極」、「二太極」、「三太極」這三種尺寸的不同則代表了祭祀對象位階上的不同，然而「往生錢」、「壽生錢」、「大悲咒」、「賜財平安經文」的尺寸差異並沒有蘊含這樣的文化背景因素，而是因應市場的需求而改良出不同規格（折成法船、蓮化、元寶等造型的尺寸差異需求），供消費者選擇所形成的情況。

| 不同尺寸的壽生錢 A | 不同尺寸的的壽生錢 B |

圖片 5-13 不同尺寸的的壽生錢

| 不同廠商所生產之不同形式、不同尺寸的大悲咒 | 不同廠商所生產之不同尺寸的往生錢 |

圖片 5-14 不同尺寸的大悲咒以及不同尺寸的往生錢

（二）圖案紋飾的變化性

　　至於紙錢上所印製的圖形，除了基本上較為固定的兩種原則（紙張中心都印有以同心圓排列的咒文；在紙張四周印上固定的文字）之外，至於紙張邊緣以及其他位置上的圖案、似乎尚有很大的變異性。此外，本研究亦觀察到，同一製造商通常也採取較相似的設計形式。

圖片 5-15 同一廠商生產的往生錢與壽生錢

圖片 5-16 同一廠商生產的往生錢與壽生錢、大悲咒

圖片 5-17 同一廠商生產的往生與壽生錢

（三）多顏色的變化性

　　正因為新式紙錢形成的年代較晚，也不若以往的長久流傳下來的紙錢有較嚴格的規範、在大眾的認知中有固定的樣形，正因為如此「往生錢」、「壽生錢」、「大悲咒」、「賜財平安經文」

這一類新式紙錢也具有較大的改變空間，所以可以見到這些紙錢除了在大小、圖飾上有很大的彈性之外，在田野調查的資料採集樣本中，還可以見到紙錢還朝向不同顏色變化的趨勢，如下圖所列出的三種紙錢，可以看到這些紙錢已經由原先採單一顏色印製轉變為採九種顏色的印製，這其中轉變因素，待後部分再予以做較深入的研究探討。

九色「賜財平安經文錢」　九色「壽生錢」　九色「往生錢」

圖片 5-18 各種九色紙錢

二、「特定用途式紙錢」特徵變化與分析

經過本研究的調查、歸類，關於前述的新型紙錢，可以看出大致有下列幾項特徵與變化：

（一）說明書以及祝文、表文的出現

根據收集調查到的資料，新式紙錢通常會附有說明書、祝文或表文甚至平安符咒，不但讓民眾可以了解這些產品的使用方式、祭拜對象，同時在所附的祝文或是表文上面都可以讓民眾填寫個人基本資料以及向神明祈求的事項。[7]探究其背後的因素，

---

[7] 而且值得注意的，這樣在燒話給神明的紙錢上面附上祭拜者資料以及

一方面可以讓民眾明瞭這些新式紙錢，一方面也藉由類似「表明身分、清楚表達願望」的祝文、表文，來增加民眾對於神明可以得知民眾請求的信心，這樣的做法無疑的也就增強了大眾對於新式紙錢的接受度與認同。

祝文、表文　　　　　　附有祝文以及符令的新型金紙

圖片 5-19 說明書以及祝文

（二）多樣的形式變化

另外，這些以特定對象為主的紙錢，除了不同於以往紙錢的紙張設計之外，甚至連單一種類的新式紙錢也有不同的形式變化，就以目前市面上新式紙錢種類最多的五路財神金以及八路財神金為例，五路財神金從一份單一顏色的紙錢開始轉變為一份有五種顏色的紙錢（圖片 5-20），而八路財神不但衍生出有八種顏色（圖片 5-21），甚至連紙張也由原先的四方形轉變為八角形（圖片 5-21）。

願望的風氣似乎也回過頭來影響到早已存在的其他紙錢，筆者觀察到原先以「壽金」祭拜神明的寺廟中，也開始在提供信徒祝文或表文，讓信徒可以附在每一份紙錢上。

| 五路財神金 A | 五路財神金 B | 五路財神金 B 的單色紙錢 |

圖片 5- 20 五種顏色的五路財神金

| 八種顏色的八路財神金 | 八角形的八路財神金 |

圖片 5- 21 不同的八路發財金

（三）盒裝、套裝組合的出現

另外，觀察這一類新式紙錢的變化，還可以發現到這些新式紙錢有趨向「盒裝」的方式來銷售產品，原本僅以單種紙錢銷售的新式紙錢，開始朝向類似「套裝組合」的方式，而且因為組合內容的不同，衍生出更多種類的商品。每一盒裝的紙錢內，又內含有幾種不同的紙錢，關於盒裝紙錢產品的出現，其所代表、反映出的意義也是值得觀察注意的，這部分待後面再作較深入的研究探討。

金銀紙店所販賣的盒裝新式紙錢

天壇金紙部所販賣的盒裝新式紙錢

盒裝新式紙錢（土地公金）

非盒裝新式紙錢（土地公金）

圖片 5-22 盒裝新式金紙

(1)盒裝土地公金外觀

(2)盒內附的土地公金

(3)盒內附的陰陽本命錢與改年真經

(4)盒內附的表文及平安符咒	(5)盒內附的甲馬	(6)盒內附的補運金

圖片 5-23 盒裝新式紙錢的內容物

圖片 5-24 各種不同用途的盒裝新式金紙
資料來源（雙銘行所提供之「金龍浩陽」公司產品目錄、DM）

第三節　新型紙錢與被創造的傳統

　　本研究所觀察的於民國八十年左右所出生的「往生錢」、「壽生錢」……等的新式「經文式紙錢」乃至於而後於民國八十五年左右出現的「文昌金」、「土地公金」、「財神金」……等各種以神明為對象的新型「特定用途式紙錢」，這兩類新出現的紙錢，都是人們於近代創造出來的。而且這些紙錢有漸為消費者所接受的趨勢，甚至有誤認為是自古以來就流傳下來的「傳統紙錢」的情況產生[8]。

　　對於如何分析這些新型態紙錢出現的背景原因，則可以運用著名的歷史學家霍布斯邦（Eric Hobsbawm）所提出的「創發的傳統」（invented tradition）[9]的概念來解釋。霍布斯邦提到這些「被發明的傳統」乃是由於經濟的或政治的理由使得許多「新傳統」被少數有心人刻意創造（invent）出來，或是有許多人於短時間內一窩蜂營造出來的[10]。從本研究的調查，不難發現到這些

---

[8]　目前除了金銀紙店以及廟方的人員、宗教執事人員會比較明白這兩類紙錢乃是近代出現的紙錢之外，大部分的民眾已經有將「往生錢」、「壽生錢」當作傳統紙錢的情況。

[9]　霍布斯在《被發明的傳統》一書中，以多種例子說明一些被大眾認為是長久以來流傳下來的「傳統」其實並非真正自古流傳下來的，而是被人們為了不同的目的所刻意創造出來的，比如書中提到的「蘇格蘭的高地傳統」就是一種創發的傳統，蘇格蘭人所穿的花格子呢的蘇格蘭短裙、風笛，或許人們會認為這些器物很古老，但是實際上這些東西大部分是現代的產物，並且是在蘇格蘭與英格蘭合併之後才發展出來的風俗。這些獨特的高地文化與傳統的整體觀念，是因懷舊而被整體創造的。所以筆者嘗試以這樣的觀點來分析解釋臺灣「新式金銀紙錢」的產生以及過程。

[10]　霍布斯邦（Eric Hobsbawm）等著，陳思仁等譯《被發明的傳統》，臺

新型金紙產生皆是刻意創造出來的[11]、同時是在短時間內大量的由不同的業者、製造商所生產創造出來,的確是符合霍布斯對「被發明的傳統」的定義。

一、藉由儀式或象徵方法建立新式紙錢的價值

首先,霍布斯認為如果要成功的創造新的「傳統」,必須要透過一系列的實踐手段,藉由儀式性或是象徵性的方法,不斷的向大眾重複想要創造的傳統的價值觀與行為規範,使得社會大眾認為這樣的「傳統」是與過去有關、並且是傳承歷史的。[12]而檢視新型紙錢本身的設計、行銷方式,也的確可以發現存有這樣的執行方式。

觀察較早出現的「壽生錢」、「往生錢」,先是依附臺灣的民間信仰觀念中,一般民眾在神明壽誕時會向神明「祝壽」的觀念,以及會幫過世的往生者「超度」的概念,所以創造出用以向神明祝壽的「壽生錢」,以及用以幫助往生者超度的「受生錢」,這些紙錢結合原先早已存在的傳統信仰觀念,而創發出新的「產品」。相同的,以神明為對象的新型金紙則是以原先早以存在、廣為大眾所熟知的神明(如:財神、土地公、註生娘娘、文昌帝

北:貓頭鷹出版,2002,頁 5~6。

[11] 筆者在田調訪談過程中,商家表示「往生錢」、「壽生錢」最初是由山上的佛堂、「菜堂」(齋堂)的師父教導業者如何製作,或是又稱是依神明降乩指示而印製出「往生錢」、「壽生錢」的圖案文字;至於後來產生以神明為對象的新型金紙,製造的業者則在其產品目錄中,明白指出其公司是「領先開發符合現代化祭祀用的金銀紙錢」。

[12] 同註 10,頁 11。

君、太歲星君）為設計基礎而創造出新的「產品」。探究這些新型的紙錢，乃是以一般大眾早已具備的傳統民間信仰觀念為基礎，進而將傳統觀念結合現代的新產品，企圖形塑出這些產品是與「傳統」、「過去」有關的產品形象。

　　除了產品背後意義的賦予之外，產品本身的設計樣貌同樣也蘊含了相同的企圖，觀察這些新型紙錢，會發現到這些產品儘管都是在近十年內所產生，然而這些新型紙錢通常會運用早期紙錢所表現、使用的文字、符號，或是民間信仰習俗中所使用的圖像、經文，如：「往生錢」中所使用的「極樂世界」字樣；「壽生錢」中所使用的「福祿延壽」字樣；「八路發財金」中所使用到的「財神」、「元寶」圖像；「太歲金」所運用到「太歲星君」以及「北斗七星」的圖案。因此，結合原有民間信仰觀念與漢人認知符號的複製運用，這些近年才出現的新型紙錢於是便順利的換上「傳統」的包裝。誠如霍布斯所提，這些被創造的傳統往往必須透過「人工」的方式，與以往歷史的關聯產生接合，而儘管這些「傳統」是誕生於現代，然而這些「傳統」卻往往以舊情境相關的形貌出現，去建構本身的「過去」，因此這些被創造的傳統具備著雙重的面向，一方面它們反應現在社會是經常變動、創新的情況，而另一面卻也有著維持社會生活中現狀的企圖。[13]

---

[13] 霍布斯邦（Eric Hobsbawm）等著，陳思仁等譯《被發明的傳統》，臺北：貓頭鷹出版，2002，頁 12。

表 5-1 兩類新式紙錢之比較

種類	「經文式紙錢」	「特定用途式紙錢」
出現年代	民國 80 年左右	民國 85 年左右
產品	「往生錢」、「壽生錢」、「大悲咒」、「賜財平安經文」	「財神金」、「天蓬元帥金」、「土地公金」、「文昌金」、「太歲金」……等等，種類繁多。
運用的傳統概念	依附臺灣的民間信仰觀念，在神明壽誕時向神明「祝壽」，以替過世的往生者「超度」的概念。	以原先早以存在、廣為大眾所熟知的神明（如：財神、土地公、文昌帝君、太歲星君）為概念。
使用的傳統符號	1.「往生錢」：使用「極樂世界」字樣、「往生神咒」符文以及其他吉祥圖文。 2.「壽生錢」使用「福祿延壽」、吉祥咒文字樣及其他圖文。	1.「八路發財金」：使用「財神」、「元寶」……等圖像以及文字。 2.「太歲金」：使用「太歲星君」以及「北斗七星」……圖像以及文字。
再衍生產品	九色「往生錢」、九色「壽生錢」、九色「大悲咒」、九色「賜財平安經文」	五色五路發財金、八色八路發財金、盒裝式新式金紙

二、新式紙錢所實踐的「被創造的傳統」之三種類型

　　此外，值得注意到的是，根據霍布斯的分析，各種「被創造的傳統」可以分屬出三個類型：第一類是會建立起一個社群（無論是真實的或是刻意人為的）來凝聚認同；第二類是會建立或是使一些機構、地位、關係能夠合法化這些「被創造的傳統」的權威；第三類則是利用各種方式，灌輸大眾接受「被創造的傳統」的價值體系、信仰，同時他並提到這三種類型會有部分的重疊產生的情況。[14]而分析新式金銀紙錢的行銷以及操作方式[15]，也正

---

[14] 霍布斯邦（Eric Hobsbawm）等著，陳思仁等譯《被發明的傳統》，臺北：貓頭鷹出版，2002，頁 19。

好與霍布斯的看法相當的符合，首先，就大眾所知，金銀紙的銷售、流通管道主要有二，其一是金銀紙錢的批發零售商，另外則是一般的寺廟宮壇，若將此兩類管道視為「金銀紙錢文化」的社群，早在新式金銀紙錢出現之前，這兩個社群已經受到臺灣一般民眾的認同，所以一般民眾如果需要購買或是使用金銀錢，也通常請教於金銀紙錢的販賣商或是廟方人員，這些真實長久存在的社群，於是形成了第一種的類型，所以已經具有當有人需要創造新傳統時可以尋求運作的對象。

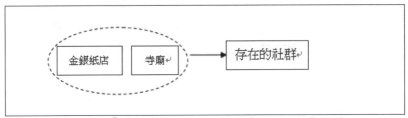

圖 5-1 「被創造的新式金銀紙錢傳統」的對象社群

至於第二個類型的產生，也正好可以用來解釋新式金銀紙錢較為社會大眾所接受的原因，觀察首先出現的「往生錢」、「壽生錢」如何達成其「合法化」、「權威化」的過程，經由訪談得知，「往生錢」、「壽生錢」的產生乃是由佛堂、「菜堂」（齋堂）的師父特別前來教導金銀紙業者，他們灌輸金銀紙業者關於這些紙錢使用意涵，並且教導如何使用這些紙錢，而有一些師父則聲稱是依神明降乩指示而創製出「往生錢」、「壽生錢」的形式以及紙面上的圖案文字。而後期出現以神明為對象的新式金銀

---

[15] 筆者於 2004 年 4 月 17 日於錦利號、2003 年 11 月 26 日於米街、2004 年 6 月 14 日於雙銘行、2004 年 4 月 20 日於永蘭馨訪談所得知。

紙錢，則是採用另一種方式來「合法化」、「權威化」其希望達成的社會認可，新式金銀紙錢的業者，通常會先派員前往寺廟以及金銀紙零售商家，分送公司的「產品目錄」，先讓寺廟以及金銀紙店的商家熟悉他們的商品，在所贈送的「產品目錄」中，不但圖文並茂的解釋所生產的各種新式紙錢以及用法，甚至也有在成冊的目錄中附上各種傳統祭祀儀禮的詳細解釋說明。新式金銀紙的業者運用這些目錄，使公司的產品廣為熟知，也藉由類似「教科書」的產品目錄讓金銀紙店的商家進一步了解傳統祭祀儀禮，在此必須要特別提出的部分是，新式金銀紙錢業者似乎巧妙的運用了新方式（類似教科書功能的產品目錄），來獲得「解釋權」[16]使其產品能漸漸獲得一定的接受程度與信任。

---

[16] 長久以來，臺灣一般民眾對於「金銀紙錢的正確使用方式」，通常是由金銀紙錢的批發零售商，以及寺廟宮壇或宗教執事人員來解釋，而新式金銀紙錢業者印製的「產品目錄」無疑是在前述的管道之外，替本身的產品創造了「合法化」的解釋，儘管對於對於一些年代較久遠的金銀紙店家而言，新式金銀紙業者的舉動並沒有改變他們對於新是金銀紙錢較不肯定的態度，但如果是新成立的金銀紙店，是否可能因為其本身對於金銀紙錢的背景知識並不完全清楚，所以可能依賴新式金銀紙業者的「產品目錄」而在沒有察覺的形況下，將原本屬於金銀紙零售店業者手中的「解釋權」在不知不覺中讓予新式金銀紙錢業者的情況，也是再研究新式金銀紙錢課題時值得注意的。

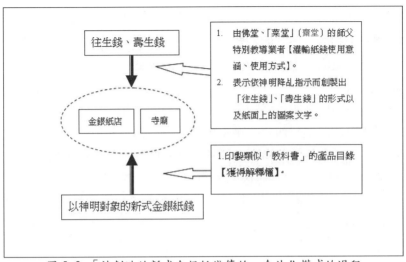

圖 5- 2　「被創造的新式金銀紙錢傳統」合法化權威的過程

　　從上述兩種不同時期出現的新式金銀紙錢，除了分別以不同的方式達成「合法化」、「權威化」的其產品的過程之外，在研究的訪談過程中，還有金銀紙店的業者表示，新式金銀紙錢的製造商還會透過「安排顧客」的方式，使金銀紙店的業者、甚至是寺廟能夠向新式金銀紙店製造商購買產品。根據訪談對象表示[17]，其方式通常是，業者會安排事先已經安排的顧客們，前往不同的金銀紙店表示要購買此種新式的金銀紙錢，經過一段時間後，就可能造成金銀紙錢零售店的錯誤印象，認為這種新式紙錢已經具有其市場的需求，為了生意的經營需要，所以也就必須要向新式金銀紙錢業者進貨。而這樣經由新式金銀紙錢業者所刻意運作所產生情況還可能導致了另一種關係的產生：金銀紙店的商

----

[17]　筆者訪談黃烈堂先生，2003 年 11 月 26 日，米街金銀紙店。

家開始將新式金銀紙錢商品擺放於商店內販賣，以一般對於金銀紙錢使用知識並不了解消費者而言，就有可能因為這些新式的金銀紙錢乃是由金銀紙店所販賣的，所以也就相信這些新式金銀紙錢是具有可信度的。進一步，這樣的關係延伸到寺廟的部分，根據在負責寺廟金銀紙錢販賣的訪談對象[18]表示，在他個人的立場並不鼓勵使用這些新式的金銀紙錢，但是因為必須要考量到廟方經營，而且如果消費者需要購買這些新式的金銀紙錢，為了方便前來祭拜的民眾，所以後來廟方也開始供應部份的新式金銀紙錢，然而如此一來，無意間又加深了民眾對於新式金銀紙錢的「合法性」與接受度。

---

[18] 筆者訪談張先生，2004 年 4 月 21 日，開基玉皇宮。張先生表示：「玉皇宮廟中的文昌金，大約是 85 年左右興起，並非是錫箔，但是因為本廟中有供奉文昌帝君，有些信徒會有購買文昌金的需求，所以廟方也依據消費者的意見，供應有文昌金」，張先生也表示：「這些文昌金或是觀音金……等，新的金紙大概都是一些廠商或是通靈的人所發明的，並不是自古就流傳下來的」所以他並不會鼓勵民眾使用此種金紙，但是民眾如果使用，廟方也不會有意見。

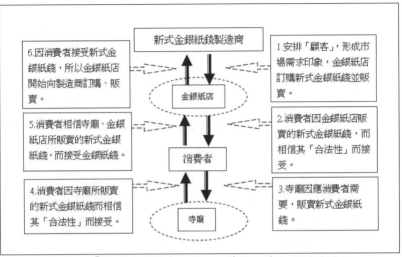

圖 5-3 「被創造的新式金銀紙錢傳統」建立認同的過程

　　而新式金銀紙錢的製造業者，除以上述的方式拓展了產品的通路之外，由於網路的興起，以往必須要透過金銀紙店以及寺廟販賣金銀紙錢的模式也因此被打破，以在網路上「八路武財神」[19]的網站為例，網站資料中在寺廟的歷史沿革中提及「八路發財金」的起源，介紹寺廟中各種神明以及使用的紙錢[20]、拜拜的小百科、新式金銀紙錢的產品介紹[21]，不但提供訂購產品可以有多種不同的付款方式，民眾甚至還可以自行從網路上列印靈符。這

[19] 八路五財神網站 http://www.balu.com.tw，2003 年 12 月 5 日。

[20] 在介紹這些神明的網頁中，都有一項介紹如何祭拜神明的方法，值得注意的是其中提及祭拜神明所用的紙錢，都是採用新式金銀紙錢。

[21] 這些介紹產品的方式，除了網頁的文字記載之外，此網站甚至結合現代科技，提供影音程式供民眾可以觀看介紹如何祭拜不同神明的方法。

樣的銷售方式不但開啟金銀紙錢的另一種銷售通路，同時可以看
出這些新式金銀紙錢如何取得其「合法化」、「權威化」的地位。

　　從網路資料內容中關於「八路財神金」的產生緣由，可以看
到「八路五財神廟」的創建者以往以販賣金銀紙為業，後在民國
八十三年前往中國時，遇到一名老翁願意提供古代傳說的「八路
財神金」製造方法與模版，經過創建者連續擲筊請示，　　共三天
每次八個連續聖筊，而得到「八路財神金」模版與傳授製造口訣，
但是回臺製作販賣後竟無銷路，後來經人指點在民國八十五年前
往臺北指南宮凌霄寶殿，祈求玉皇上帝允許使用此種紙錢，創建
者經連續擲筊十二次，皆為聖筊，而後此種紙錢就廣為社會大眾
所接收，而後創建者受神明指示，在旗山建立「八路武財神廟」。
[22]

---

[22]　網頁內容提到：八路武財神廟創建人曾春榮先生……以製造販售金銀
　　　紙為業……在南部旗山開設頗具規模之金銀錫箔紙店鋪，生意鼎
　　　盛，……，惟因時代環境變遷，金銀紙之營運日漸衰退，……數度欲
　　　放棄此祖業，……興起往大陸遊玩，順便考察有無可資挽回家道之
　　　念。……民國八十三年春，曾老師遂隻身赴大陸旅遊考察，並藉以散
　　　心，………一日，轉輾至鄰近香港之深圳，……邂逅一位白髮老翁與
　　　其交談，迨知其係臺灣南部經營金銀紙生意失敗後，老翁竟開朗笑
　　　稱，原來彼此同行，但翁已年邁，現已歇業，並表示願以提供古代傳
　　　說的『八路財神金』製造方法與模版，………老翁取出一張『八路財
　　　神金』紙，供奉其香案前，並示意老師肅立案前祈禱神明，翁並莊嚴
　　　宣稱：『吾將贈汝發財金模版事擲筶，請示神明，惟需連續擲八次聖
　　　筶。』翁並要求老師內心務需虔誠。翁叮囑完畢即在神明前擲
　　　筶。……，老翁一次又一次擲筶，……連續筶杯皆為聖筶，……，翁
　　　口吻轉變嚴肅說道：『暫且莫歡喜，尚需連續擲筶請示神明兩天，一
　　　共三天每次八筶連續聖筶，才能算是功德圓滿。』並約定老師明日再

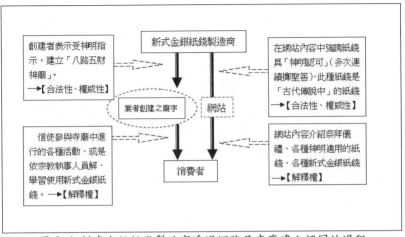

圖5-4　新式金銀紙錢製造商透過網路及寺廟建立認同的過程

　　依上述資料，可以觀察到兩個重點，首先，這種紙錢儘管聲稱是古代傳說中紙錢，但是在乃是在民國八十五年之後才漸漸在市面上流通。再者，文章中強調了這種紙錢是具有神明認可的（製造者乃是在中國經由老翁連續擲八次聖筊後，製造者三天每次八筊連續聖筊後，才能獲得「八路財神金」模版與傳授製造口訣，而後又在臺北指南宮凌霄寶殿連續擲十二次聖筊）。所以不但可

　　來，如此兩天向神明請示擲筊結果，均與第一天情形一樣，……曾老師將『八路財神金』模版帶回臺灣南部，按老翁口訣與方法製成後，詎料竟無銷路，……幸獲一友人指點，前往屏東濟公活佛廟堂，祈求指點開示。經濟公活佛喻示，須到臺北指南宮凌霄寶殿祈求玉皇上帝御準，使能在市面上銷售。民國八十五年六月十三日，……向玉皇上帝上香祈求，經連續擲筊十二次，每次皆為聖筊後，始知玉帝已御準其『八路財神金』行銷於世，……從此，『八路才神金』之銷路果然一帆風順。

以再次證明新式紙錢出現的年代，同時也可以看到新式金銀紙錢
製造者如何的「證明」這些紙錢的「合法性」、「權威性」。

因此回顧各種新式金銀紙錢如何運用不同的方式，達成灌輸
社會大眾對於這些產品的認同與肯定，似乎與霍布斯所提「被創
造的傳統」中的第三種是相同的，也如同他所提到的「被創造的
傳統」中的三種類型會有部分的重疊產生的情況，從前述本研究
的分析，新式金銀紙錢具備了三種類型的特徵，所以如果將「新
型金銀紙錢」歸類為近代社會中「被創造的傳統」是毫無疑問的。

第四節　紙錢種類的變化與觀念變遷

一、新式金銀紙錢出現與追求「財富」觀念的強調

前述部分著重在試圖以分析新式金銀紙錢的出現以及特
性，然而消費者為什麼能夠接受這些新式金紙的觀念之探討也是
不可忽略的部份，本文乃嘗試從另一個角度切入以分析新式錢產
品特性來歸納民眾觀念上的變遷，綜合新式的「經文式紙錢」以
及「特定用途式紙錢」來作討論。自古以來，漢人一直不曾停止
過對於財富的追求，這樣的觀念在進入資本社會的生活形態之後
更加明顯，而後因為臺灣社會有漸趨功利的情況，追求財富更加
被強調。而先察覺此種商機的金銀紙製造商乃迎合民眾的需求，
而發展出多種與此種觀念有關的新式紙錢，茲將本文所調查到的
新式紙錢是否所牽涉到「財富」觀念分析列表（表 5- 2）。

表 5-2 新式紙錢與「財富」觀念之分析

編號	新型金紙名稱	用途說明	是否牽涉「財富」觀念
1	財神金（發財金）	敬獻財神，祈求賜富	◎
2	五路財神金	敬獻財神，祈求賜財	◎
3	八路財神金	敬獻財神，祈求賜財	◎
4	天蓬元帥金	特種行業敬獻天蓬元帥，祈求賜財	◎
5	土地公金	敬獻給財神，祈求平安與賜財	◎
6	包公金	敬獻給包公，討回別人所積欠的錢財	◎
7	化解金	祈求地藏王化解「冤親債主」	◎
8	嬰靈金	祈求嬰靈早日投胎、超拔引渡	◎
9	註生娘娘金	祈求註生娘娘賜予子嗣以及婚姻	
10	貴人接引金[23]	祈求貴人相助、財源廣進、福緣降來	◎
11	文昌金（狀元金）	祈求文昌帝君，能夠幫助學子考試順利、金榜題名	
12	地基主金	祈求地基主保佑平安、生意興隆	◎
13	消災解厄補運金	祈求南北斗星君以及諸神明，消災延壽	
14	太歲金	祈求太歲將沖犯的霉運去除、逢凶化吉	

---

[23] 在「貴人接引金」的產品介紹中，提到此紙錢可以替民眾找到「財運貴人」、「生意貴人」、「事業貴人」、「達官貴人」……等，可以說是將一般民眾願望的集合體，拼貼各種符號於一的最佳代表。另外，筆者在田調過程中只看到商品目錄中有此種商品、尚未親眼到臺南市的金銀紙錢店或是寺廟有陳列這種商品，所以推測此種商品可能是更後期才設計出的紙錢、民眾的接受度也還不夠。

15	答謝金	答謝神明的恩典、祈求闔府平安	
16	公媽金	祭祀祖先、祈求獲得庇祐	◎
17	往生錢	幫助往生者超度、轉世的觀念	◎
18	壽生錢	敬獻給神明，為神明「祝壽」，	
19	大悲咒	幫助往生者超度、轉世的觀念	
20	賜財平安經文	祈求神明賜予財運以及平安順利，	◎

資料來源：本研究整理製作

由以上資料可以看出，新式金紙中牽涉到「財富」觀念的有：
(1)財神金(2)五路財神金(3)八路財神金(4)天蓬元帥金(5)土地公金
(6)包公金(7)化解金(8)嬰靈金(10)貴人接引金(12)地基主金(16)公媽金
(17)往生錢、(20)賜財平安經文。在編號 1、2、3 乃是祭拜財神用的
紙錢；而編號 4、5；20 則祈求生意興隆，較特別的的編號 6 紙
錢乃是在於是希望催討回他人所積欠的錢財；編號 7、8 紙錢雖
然無法從表面見到其與「財富」的直接關係，但是由於在民間的
信仰觀念中，如果沒有將所謂的「冤親債主」化解掉或是妥善超
渡「嬰靈」就可能影響到個人的運勢、阻擋財運，所以細究這兩
種紙錢還是隱含對於「財富」的關注；至於應是更近期才出現的
編號 10 紙錢，則明白的在紙張上印有「財源廣進」的字樣；編
號 12 的紙錢則因為祭拜被認為與生意營好壞有關的地基主，所
以也無法脫離「財富」的觀念。至於編號 16、17 的紙錢之所以
與「財富」有關的原因，則是如同「化解金」、「嬰靈金」的理
由是相同的，在民間的信仰觀念中，如果沒有妥善處理祖先的後
事，使得先人無法順利投胎轉世，也就可能影響到個人的運勢、
阻擋到後代子孫的財運。觀察本研究所採集到的二十種新式紙錢

[24]中，就有十三種與「財富」的觀念相關，因此也可以見到追求「財富」的觀念在現代是如何的被誤揚。

二、傳統金銀紙錢減少與祈求「健康」觀念的轉淡及儀式簡化

　　自古以來一般民眾向神明所祈求的原因也不外是「財富」、「平安」、「科舉功名」、「好運」「健康」、「婚姻」、「求子嗣」……的願望，但是觀察本研究所收集到的新式紙錢種類，會發現除了上列所提到種類最多的關於「財富」的新式紙錢之外，在求「平安」的方面有土地公金跟太歲金、賜財平安經文、求「科舉功名」有文昌金（狀元金）、求「婚姻」與「子嗣」有註生娘娘金、求「好運」的有太歲金、消災解厄補運金，但是卻唯獨缺少了祈求「健康」的新式紙錢，而這些往往針對各種特定對象、神明所設計的新式紙錢中，可以看到有燒化給土地公、文昌帝君、財神、等神明的紙錢但卻沒有針對在傳統信仰中負責醫療健康的「保生大帝」設計的新式紙錢。

　　此外，因為以前醫療並不發達，所以一些身體健康不佳：或

---

[24] 在此必須要提出說明的是，上表所列出的 17 種新式特定用途式紙錢紙錢，可能還是無法涵蓋到臺南地區所出現的新式紙錢，主要的原因在於目前新式紙錢的還處於各家廠商各自發展的階段，廠商也不斷的推陳出新，種類與樣式都還無法固定，甚至新式紙錢的製造商還會因應市場的需求狀況來調整商品的總類與供貨量。比如說：某種被新創的新式紙錢的銷售量不佳，廠商可能就不會再繼續製造此種產品。而較暢銷的發財金，則因為銷售量較佳，所以在市面上可以看到廠商還進而衍生不同設計樣式、顏色的發財金（如五色五路發財金、八路八色發財金）。

是遭受毒蟲、動物叮咬的情況發生時，在民間俗信中認為會被動
物昆蟲咬傷螫傷是因為此人與他人在前世結有冤欠，所以可以燒
化專門用來化解一些關煞的「外方紙」，來化解冤欠；另外也有
以用這些紙錢作為保持健康及疾病治療的方法，例如：治療蛇狗
等動物咬傷（燒「銅蛇鐵狗錢」化入水中塗抹傷口）；遭受蟲咬
蜂螫之後，則以「黃蜂尾蝶錢」治療。（焚燒此錢，化入水中塗
抹傷口）；還有一種「刺蟲螞蟻錢」也具有與上列兩種錢的相似
的用途，但是目前已經少有人使用這些種類的紙錢來治療、預防
疾病[25]。關於這樣觀念的轉變，可能因為現在醫療技術的進步，
使得疾病的發生預防以及治療都已經大部分可以人為控制，對於
疾病的恐懼也就相對減少。所以這樣的整體環境影響之下，祈求
「健康」的觀念與需求也大為降低。

　　關於上述的外方紙，根據調查訪談對象[26]表示，原先乃是配
合民間所認為的一百零八種關煞（由三十六天罡、七十二地煞組
成），而總共有一百零八種外方紙[27]，在民眾因為遭遇到災厄或

---

[25]　張懿仁〈金銀紙分項細說〉，《金銀紙藝術》，1996，頁 65、71、72。

[26]　筆者依據訪談 雙銘號顏先生、榮元行楊先生、王泉盈紙莊王先生、
　　　林俊輝道長、臺南市開基玉皇宮張先生所得資料。

[27]　儘管受訪的業者、宗教執事人員都表示原先應有 108 種外方紙，但是
　　　目前並沒有任何的證據可以顯示以前真的有 108 種外方紙，不過可以
　　　確定的是我們比較其他資料以及張懿仁，《金銀紙藝術》書中所提到
　　　的歸納出所記載的共 42 種以及筆者在臺南市採集到的 36 種，顯示至
　　　少已經有 5 種外方紙已經在臺南市漸漸少見使用。此外，例如說在沖
　　　犯到車關時所要使用稱為「車厄錢」的外方紙，目前也因為民眾的偏
　　　好法師通常改用「車關」的紙紮來代替，這樣的因素以及儀式簡化（例
　　　如：不燒外方紙）以及其他原因也使得外方紙的總類漸趨減少。

是運途不順、身體不適……等情況而求助於法師以及道士時，這些宗教執事人員便會依據曆法而推算民眾所沖犯的關煞，然後依「問神」等儀式，由神明指派道士、法師於祭改補運等儀式中所需使用的外方紙種類以及數量，而後在儀式進行之後燒化。但是目前綜觀臺南市所使用的外方紙大約有 36 種，相關其他文獻中所收集到的外方樣本也大約在 30 到 40 種左右，而觀察臺南市的祭改補運等儀式以及訪談廟方人員以及宗教執事人員則得知這些儀式目前都有漸趨簡化的情況，使用外方紙的情況也不易見到，因此不難預料將來這些紙錢的種類未來會有繼續再減少的可能。

　　現代社會宗教儀式簡化的原因，一方面影響到總類複雜的外方紙漸趨減少，另一方面卻也助長了新式紙錢的興起，因為總類複雜的外方紙除了專業的宗教執事人員瞭解應該於何種情況使用之外，一般民眾是無法理解的；相較之下，總類同樣繁多的新式紙錢卻因為都明白的標示[28]用於何種情況、如何使用，民眾還可以自行購買回家燒化，不需要由法師、道士主持儀式，所以這使得新式紙錢反而在宗教儀式漸趨簡化的潮流之下，得到種類增加、流行使用的環境。

---

[28] 新式紙錢通常在包裝上都有標明如何使用以及使用的情況，甚至附有說明書。

車厄錢　　　　　車關紙紮（圖中地上車型紙製品）

圖片 5- 25　車厄錢與車關紙紮

照片來源（筆者收集、2004 年 4 月 16 日，臺南市玉皇宮）

第六章

結論

　　紙錢從製造時顏色的採用就已經對照著漢人的空間觀念
（天、地、水），而購買使用、燒化時也對應著長久以來根深蒂
固的陰陽觀念（屬陽的的金紙與屬陰的銀紙與庫錢），甚至在紙
錢使用的排列上亦脫離不了漢人對於神明階層的概念（由較上階
層神明依順序排列到較下階層）。同時，可以觀察到漢人對於死
後世界的觀念透過紙錢的再次驗證（如：燒化庫錢要依據往生者
的年齡、生肖、子女數目判定其福氣，而決定燒化庫錢的多寡），
另外漢人宗教信仰的特殊性也可由紙錢透過儀式的轉化而具有
不同用途看出（如：壽金經過乩童儀式過程、王船承載而成為民
眾用來保平安的物品）。誠如李豐楙教授認為宗教是整個文化的
載體的觀點，從漢人宗教儀式中對紙錢的不同總類、使用方
式……的研究，可以看到漢人的整體文化概念與內涵的實踐。

　　透過紙錢甚至還能進一步的洞察到整體社會的轉變以及趨
勢，因為時代的演進，從紙錢尺寸的改變（如：前述庫錢由於商
業經濟成本的競爭原因，由較大尺寸演變為較小尺寸）、紙錢材
質的變化（如：因不同要求的民眾，壽金上的錫箔而有分為裱貼
真正的錫箔以及塑膠箔）、紙錢的種類變化（因為儀式漸趨簡化
的原因，使得傳統外方紙減少）……等變化情況。透過紙錢這樣
的象徵媒介物，漢人將無法見到的意識型態、文化內涵以及社會
型態、趨勢轉變而成為人們日常生活中具體可見的實物並呈現。

　　而在第五章所專論的新式金銀紙錢，除從前述內容瞭解其不
同的種類以及變化之外，對於新式金銀紙錢產品日漸多樣化的趨
勢，若要理解這樣情形所形成的原因，則可以試著從「消費符號
論」來討論這樣的現象。消費符號論所提出的觀念在於其討論從
經濟現象到消費者行動，然後到文化脈絡中的「消費神話結構」。
首先提出這樣開創性觀念的學者是法國的尚・布希亞，他在「物

體系」書中提出一個重要的觀點，就是「物（品）必須成為符號才能成為被消費的物」。

　　根據尚·布希亞的看法，商品是有兩面性的，一個是「物的價值」也就是指商品本身的價值，也就是商品的品質、功能、性質所創造出來的價值，也就是這個商品本身能夠帶給消費者的實用性的價值。另一個部分則可稱為是「符號的價值」，這部分乃是由商業的設計、顏色、品牌等有關的商品廣告，使得消費者認同商品，而企業所塑造出來的商品意象也形成了消費者選擇考慮的參考之一，這也就形成了所謂的符號性的價值。[29]

　　如果以消費符號學的觀念來分析新式金銀紙錢，可以看到這些新式金銀紙錢的確涵蓋尚·布希亞，所指稱的商品兩面性，在第一個部分所提到的「物的價值」來說，從金銀錢紙至中國傳至臺灣至今三百餘年，金銀紙錢的功能性早已被漢人所廣為接受，關於金銀紙錢的用途、功能，甚至是不同種類金錢所代表的價值以及社會民俗意義也早為大眾所熟知。而新式的金銀紙錢不論是「往生錢」、「壽生錢」、「大悲咒」、「賜財平安經文」這一類經文式的紙錢，還是以個別對象（如：財神、土地公、文昌帝君、太歲星君…）為主的特定用途式紙錢，儘管都是近代才出現的產品卻皆保有原有紙錢所能夠含括的功能（做為燒化給神明的供品），因此原有紙錢所擁有的「物的價值」，新式的紙錢也繼

---

[29] 尚·布希亞認為，商品有兩面性，其一是商品「物的價值」這可說是由商品具有品質、功能及性能之類所塑造出的價值，這些價值帶來有效益的價值，也給消費者帶來有用性的價值。其二，可稱之「符號的價值」這是由商品的設計、顏色、品牌有關商品的廣告，以及也表示企業形象的企業認同等所塑造出的價值。這些形成了商品的意象，也成為消費者感性的選擇對象，可以說是形成了符號性的價值。

續承接。

至於「符號的價值」這部分，可以說就是新式紙錢與原有紙錢最大的不同之處。原有紙錢通常比較強調的是在商品本身的價值（如錫箔的真假與大小、紙張品質好壞）對於商品符號這一部分通常比較不強調，在原有紙錢的各種商品中，若要分析其在「商品符號」部分的塑造，唯一可以看到的部分是在紙錢側邊有時候會加印上「製造店家」的商號，但是這樣的符號加註通常只是對於商品品質的保證，尚無法稱得上有太多商品意象的塑造或是企圖增加消費者認同的銷售行為。

相較之下，新式紙錢對於這一方面的形塑就顯而易見了，新式紙錢（尤其是針對個別對象的用途式紙錢）不但在商品的設計上採多種變化的設計，不但是形式或是顏色，都可以看到從單一走向多種樣式的改變，甚至連商品的總類也不斷的創新。所以當「往生錢」、「壽生錢」從原先單一顏色的紙錢延伸為九種顏色的紙錢、尺寸大小從單一尺寸到有大、中、小三種尺寸，以及特定用途式紙錢中的「財神金」衍生出「五路財神金」、「八路財神金」再又創造出「五色五路財神金」、「八路八色財神金」，甚至在特定用途式紙錢中，除了原先主要以特定對象為設計的紙錢（如：土地公金、太歲金、文昌金）之外，也開始創造出沒有特定對象僅有用途的紙錢（如：答謝金，根據產品說明主要是答謝神明用的，並沒有特定的使用對象）。因此在將原有符號拆解、拼貼、再重組的過程，創造出具有差異性的不同商品，刺激消費者增加購買行為，也再次回應尚‧布希亞，所提出「物品必須成為符號才能成為被消費的物」的觀點。

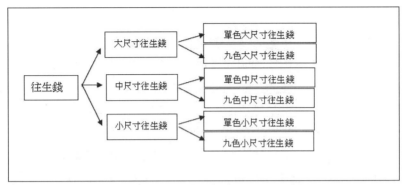

圖 6-1 單一紙錢產品轉向多種類紙錢產品之示意圖（以往生錢為例）

　　此外，單就新式紙錢商品本身而分析，如同在前述部分提到，目前新式紙錢還朝向「盒裝」販賣的趨勢，這樣一份盒裝的紙錢中，含有許多種類的紙錢，分析其中的各種紙錢，有的是原先存在的紙錢，有的也是業者自行創新紙製造的紙錢，就如同前述所提到的「土地公金」為例，一份盒裝的土地公金包含：一份土地公金、一張表文、一份平安符咒、一份甲馬、一份陰陽本命錢與改年真經、一份補運金。就原先使用紙錢的民間習俗而言，祭拜土地公其實只需要使用「壽金」即可，但是新式紙錢的製造商巧妙的將「符號」轉化到商品上，首先創造了「土地公金」，並採集原先在民間已流傳的使用的「甲馬」、「補運金」以及「陰陽本命錢」與「改年真經」（但是在此必須要注意到，在盒裝組合紙錢中所使用的「甲馬」、「補運金」以及「陰陽本命錢」與「改年真經」與原有的這些紙錢還是有所不同的，只能說是兩者之間看來是類似的，但是其實還有有差異的）再加上「表文」以及「平安符咒」，所以可以說如果以盒裝的土地公金的來說，其實是拼貼了幾種不同象徵符號的紙錢，衍生出另一種商品組合的

產品。

　　就所內含的「土地公金」就是用來敬獻給土地公的、而「甲馬」原先是用來燒化給神明作為神明使用的兵馬、「補運金」顧名思意就是用來補運的、而「陰陽本命錢」與「改年真經」是用來改運的，而「表文」是用來向神明說明自己的資料以及願望、「平安符咒」這是有神力的加持讓信徒可以保持平安達到願望的，所以檢視這一份紙錢的組合，其實可以發現是承載著「敬獻給土地公」、「給神明使用的兵馬」、「補運」、「改運」、「確認自己的資料以及願望」、「保持平安達到願望的」這些象徵意義的綜合符號。因此新式紙錢製造商在「符號的價值」的創造、形塑能力也由此可見一斑。

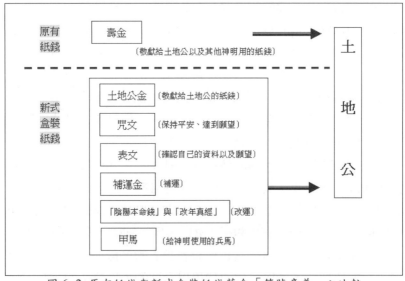

圖 6-2 原有紙錢與新式盒裝紙錢蘊含「符號意義」之比較

　　而且這些新式紙錢的製造商也不同於原有的紙錢，不但印製了印刷精美的目錄或 DM 推廣自家的產品，同時也有製造商架設網站向一般大眾促銷產品、塑造出商品特別的意涵（如：強調使用此產品能夠表達對神明最大的敬意、是一套最完整的祭拜紙錢），這些可以歸類為「促銷」及「開創銷售通路」的行為，再再都可視為是一種符號價值的塑造過程。

　　因此，藉由本研究的收集、田野調查出的資料，本文整理出臺南市金銀紙錢使用習慣，並分析其背後的的文化意涵。從探討的目標，從金銀紙的使用分類及方式，我們就可以看出在臺灣民間信仰與其他宗教的差異性，在臺灣的民間信仰體系中，由於屬於多神信仰，所以有各種不同位階的神明，也因為這個緣故，而發展出對應於不同神明所使用的金紙，其中會因為神明的位階高低，而影響到所燒金紙的樣式（例如：對較高位階神明所燒的金紙其錫箔的尺寸也會較大，價值也較高），這種特殊的對應關係，是與其他宗教較不相同的。另外，在臺灣民間信仰中認為，神靈是可以藉由焚燒金銀紙這種透過火的轉化方式來達成可見世界與不可見的神靈世界之間的溝通目的。

　　關於金銀紙錢的焚燒使用，當下面臨到的最大問題，乃是燃燒金銀紙錢避免不了的空氣污染問題，由於國人的環保意識提昇，目前有不少的寺廟開始停止燃燒金銀紙，或是開始減量使用金紙，也有些寺廟改採用環保金銀紙錢。而中元普渡時，以往由民眾各自在家自行焚燒金銀紙錢的習慣，現在也因為環保因素的考量，有些縣市政府就改採集中境內普渡所用之金銀紙錢，而運往焚化爐焚燒，焚化爐平日是以焚燒垃圾為主要用途，現在把要燒給鬼神的金銀紙錢於此處焚燒，其中的認知衝突問題也就由此產生，因此，通常要在焚化爐集中焚燒金銀紙錢，會請法師做「淨

爐」的儀式。如此傳統觀念與現代環保觀念相衝突之下，我們可也以看見這兩種觀念之間認知的消長與妥協情況。

臺灣使用金銀紙的習俗，已歷經三百多年，早已形成漢人信仰祭祀活動中不可缺少的部分。但是正因為文化會受到社會環境的變動以及與其他文化相互交流的影響，所以我們可以看到金銀紙錢的形式與內容上的變化，比如：車厄錢的出現，其上所印的現代汽車圖形，正是為因應現代社會中的新需求（車禍）所產生的。同時，除了原先有的各種形式，金銀紙種類也不斷的創新（例如：八路發財金、嬰靈金、龍鳳平安金、魯班金、賭聖祖師金、狀元金、招財金、車路金、地基主金、合和金、太歲金……）這些因為業者因應現代社會潮流所產生出來的創新型金紙，最後能否如同其他傳統紙錢一般普及還有待觀察，但是都已顯示出金銀紙錢文化的時代變遷性。而金銀紙錢的購買管道在以往必須到金銀紙店或是寺廟中購買，但是在網路普及的現代，民眾也可以從網路上去購買金銀紙、有些金銀紙業者甚至以企業化的經營方式來販賣金銀紙錢，這些因為販售形式的改變也或許會影響到金銀紙的使用（以往金銀紙錢的使用，都靠金銀紙店業者的告知，一旦改從網路購買，則或許會因為使用的詮釋角度不同，而產生改變），這些變化還有待將來研究者的持續研究。

此外，在本文撰寫資料收集過程中，瀏覽相關的金銀紙網頁以及相關書籍，再次證明到金銀紙錢各地分類、種類甚至使用方式之間或多或少都有一定的的差異程度，也使得目前臺灣金銀紙錢分類情形的混亂，除原本因為臺灣南北各地的使用習慣就有些許不同，再加上金銀紙錢乃是一般民間自行印製的祭祀用品，因此自由度較高、彈性也較大，原先傳統的金銀紙錢已經無法統一其尺寸、圖案，再加上新式紙錢的不斷出現，所以除非其能清楚

劃分出臺灣所有金銀紙錢的種類（如：紙張大小、紙質材料、張
數、用途……）否則，要完全釐清分類並不容易。因此建議未來
從事金銀紙錢研究時，先以小區域為研究調查範圍較為適當。

　　民眾長久以來承襲的習俗，使得燃燒金銀紙錢的觀念（不論
是從日治時代政府的法令禁止，國民政府的倡導節約資源、減少
使用，到現在因為環保訴求而呼籲民眾減少焚燒量）都無法因應
政府或是環保因素的要求而完全斷絕，在需要和不需要繼續延續
焚燒金銀紙錢習俗的爭論之下，也有人試圖嘗試融合兩種看法，
讓金銀紙錢的文化能夠延續下去，同時能兼顧時代性的改變與需
要。

　　最後希望透過本文所進行的金銀紙錢文化研究結果，分析在
漢人文化中佔有不可或缺地位、同時也是眾多文化載體物其中之
一的金銀紙錢，呈現出臺灣社會認知、宗教概念的變遷縮影。

參考文獻

【史料】

漢・孔安國

　　1991，《尚書》，臺北：中央圖書館。

漢・班固

　　1968，《白虎通》，臺北：藝文印書館。

清・段玉裁

　　1989，《說文解字注》，臺北：藝文印書館。

五代・王仁裕

　　1966，《開元天寶遺事》，臺北：藝文印書館。

漢・鄭玄 注

　　1967，《儀禮》，臺北：藝文印書館。

Albrecht Herport 著，臺灣銀行經濟研究室編

　　1956[1660]，《臺灣旅行記》，收錄於《臺灣經濟史三集》。

清・高拱乾

　　1978[1696]，《臺灣府志》，臺文叢第 65 種。

清・周元文

　　1984[1712]，《重修臺灣府志》，臺文叢第 66 種。

清・陳文達

　　1999[1720]，《臺灣縣志》，臺文叢第 103 種。

清・劉良璧

　　1993[1740]，《重修福建臺灣府志》，臺文叢第 74 種。

清・謝金鑾

  1962[1821]，《續修臺灣縣志》，臺文叢第 140 種。

日治初期 不著撰人

  1959[1895]，《安平縣雜記》，臺文叢第 52 種。

【專書】

臺灣慣習研究會

  1901《臺灣慣習記事》第九號，臺灣慣習研究會。

  1902《臺灣慣習記事》第二卷 第五號，臺灣慣習研究會。

席德進

  1974《臺灣民間藝術》，雄獅圖書公司。

吳瀛濤

  1975《臺灣民俗》，臺北市：進學。

董芳苑

  1975《臺灣民間宗教信仰》，臺北：長青文化。

劉文三

  1976《臺灣宗教藝術》，雄獅圖書公司。

  1978《臺灣早期民藝》，雄獅圖書公司。

國立歷史博物館

  1977《中華民俗版畫》，國立歷史博物館。

李亦園

  1978《信仰與文化》，臺北：巨流圖書公司。

王秋桂

　　1980《繪圖三教源流搜神大全》，聯經出版事業公司。

黎瑩

　　1980《中國春節風俗典故趣談－漢族》，臺北：臺佩斯坦出
　　　　版有限公司。

王龍飛

　　1982《民俗藝術探源上、下冊》，藝術家出版社。

行政院文化建設委員會

　　1982《中國傳統版畫藝術特展》，行政院文化建設委員會。

　　1983《臺灣傳統版畫源流特展》，行政院文化建設委員會。

　　1985《中國民國傳統版畫藝術》，行政院文化建設委員會。

　　1987《蘇州傳統版畫臺灣收藏展》，行政院文化建設委員會。

凌志四

　　1985《臺灣民俗大觀》，臺北：同威圖書。

片岡嚴著；陳金田譯

　　1986《臺灣風俗誌》，臺北市：大立。

林明義

　　1987《臺灣冠婚葬祭家禮全書》，臺北：武陵出版有限公司。

梅創基

　　1988《中國水印木刻版畫》，臺北：雄獅圖書股份有限公司。

鄭興弟

　　1988《臺北市民間信仰之研究》，臺北：臺北市政府研究發

展考核委員會。

鈴木清一郎；鴻作民 譯

1989[1934]《增訂臺灣舊慣習俗信仰》，臺北：眾文圖書公司。

李組定 主編

1989《中國傳統吉祥圖案》，中國上海：上海科學普及出版社。

末次保、金關丈夫 編著；林川夫編譯

1990[1941~1944]《民俗臺灣》，臺北：武陵。

黃金財

1991《臺灣懷舊之旅-古早臺灣人的生活紀實》，臺北：時報文化。

黃有志

1991《社會變遷與傳統禮俗》，臺北：幼獅文化。

黃文博

1991《跟著香陣走》，臺北：臺原文化。

1993《臺灣民俗消遣》，臺北：臺原文化。

徐福全

1991《婚喪禮儀手冊》，新竹市：新竹社教館。

1995《臺灣民間祭祀禮儀》，新竹市：新竹社教館。

野崎誠近

1991《中國吉祥圖案》，眾文圖書公司。

國立中央圖書館

　1991《中國傳統年畫藝術特展專輯》，國立中央圖書館。

潘元石

　1991《民俗版畫大觀》，臺北：行政院文化建設委員會。

　1991《美術欣賞系列叢書第五冊　版畫》，臺灣省政府教育
　　　廳。

左漢中

　1992《中國民間美術造型》，中國長沙市：湖南美術出版社。

呂理政

　1992《傳統信係與現代社會》，稻鄉出版社。

臺灣省文獻委員會

　1992《臺灣慣習記事（中譯本）第二卷》。

　1992《臺灣慣習記事（中譯本）第六卷》。

王貴民

　1993《中國禮俗史》，臺北：文津。

喬繼堂

　1993《吉祥物在中國》，百觀出版社。

臺灣總督府

　1993 [1917]《臺灣宗教調查報告書》第一卷，臺北：捷幼出
　　　版社

郭立誠

　1993《人花銅錢鬼花紙錢》，臺北市：漢光。

龍海縣地方志編輯委員會

　　1993《龍海縣志》，福建：龍海縣地方志編輯委員會。

曾景來

　　1994《臺灣的迷信與陋習》，臺北：武陵出版有限公司。

劉還月

　　1994《臺灣民間信仰小百科－醮事卷》，臺北：臺原出版社。

　　1994《臺灣民間信仰小百科－廟祀卷》，臺北：臺原出版社。

　　2000《臺灣人的祀神與祭禮》，臺北：常民出版社。

范勝雄

　　1995《府城的寺廟信仰》，臺南：臺南市政府。

姜義鎮

　　1995《臺灣的鄉土神明》，臺北：臺原出版社。

高雄市立美術館

　　1995《臺灣傳統版畫特展》，高雄市立美術館。

林國平

　　1996《閩臺民間信仰源流》，臺北：幼獅文化事業公司。

杜而未

　　1996《鳳麟龜龍考釋》，臺北：臺灣商務印書館。

張懿仁

　　1996《金銀紙藝術》，苗栗：苗栗縣文化局。

楊永智

　　1996《臺灣傳統版印圖錄》，臺中：臺中市立文化中心。

1998《臺灣傳統木刻版畫圖說（資料集成部）》，臺中市立
文化中心。

臺灣年畫愛好會

1996《米街》，臺灣年畫愛好會。

鄭志明

1996《文化臺灣》，臺北：大道文化。

尚・布希亞（Baudrillard, Jean）著，林志明譯

1997[1978]《物體系》，臺北：時報出版社。

林素英

1997《古代祭禮中之政教觀：以〈禮記〉成書前為論》，臺
北市：文津。

涂順從

1997《南瀛產業誌》，臺南縣新營市：南縣文化。

鍾進添

1997《鐵筆子民曆》，臺中：創譯出版社。

劉曄原　鄭惠堅

1998《中國古代祭祀》，臺北：臺灣商務。

王見川、李世偉

1999《臺灣的民間宗教與信仰》，臺北：博揚文化事業有限
公司。

王行恭

1999《臺灣傳統版印》，臺北：漢光文化事業股份有限公司。

李秀娥

　　1999《祀天祭地》，臺北：博揚文化事業有限公司。

　　2003《臺灣傳統生命禮儀》，臺中市：晨星出版。

李豐楙　計劃主持

　　2000《文英館館藏 ：臺灣宗教文物分類目錄》，臺中市：
　　　　臺中市政府。

李登財、劉還月

　　2000《神佛正傳與祭拜須知－春之卷》，臺北：常民文化。

　　2000《神佛正傳與祭拜須知－夏之卷》，臺北：常民文化。

　　2000《神佛正傳與祭拜須知－秋之卷》，臺北：常民文化。

　　2000《神佛正傳與祭拜須知－冬之卷》，臺北：常民文化。

李莎莉

　　2000《臺灣民間文化藝術》，臺北：臺灣民俗北投文物館。

李晉宏　主編

　　2000《中國藝術圖案－福祿壽喜篇》，臺南：文國書局。

　　2002《中國藝術圖案－吉祥圖案篇》，臺南：文國書局。

王詩文

　　2001《中國傳統手工紙事典》，臺北：財團法人樹火紀念紙
　　　　文化基金會。

李霖

　　2001《臺灣鄉土行業》，臺北：稻田出版有限公司。

林衡道

2001《臺灣歷史民俗》，臺北：黎明文化事業股份有限公司。

霍布斯邦（Eric Hobsbawm）等著，陳思仁等譯

2002[1983]《被發明的傳統》，臺北：貓頭鷹出版。

Mike Crang 著；王志弘，余佳玲，方淑惠譯

2003《文化地理學》，臺北：巨流。

王詩琅著、張良澤編

2003《艋舺歲時記》，臺北：海峽學術出版社。

祁慶富

2003《中國吉祥物研究》，中國北京：社會科學文獻出版社。

【論文】

林玉茹

1997《清代竹塹地區的在地商人及其活動網絡》，臺北：臺灣大學所博士論文。

王之敏

2000《傳統吉祥圖案的意象研究》，臺南：成功大學中國文學研究所碩士論文。

尹詩惠

2000《艋舺、大稻埕、城內機能的轉換》，臺北：國立臺灣師範大學地理研究所碩士論文。

吳奐儀

2000《金銀紙業對苗栗中港地方空間的發展與影響》，臺北：

臺灣大學建築與城鄉所碩士論文。

董士誠

2002《金銀紙錢燃燒煙塵廢氣調查與改善之研究》，臺北：臺灣大學環境工程學研究所碩士論文。

林育本

2003《臺灣祭祀紙錢圖像之研究》，高雄：樹德科技大學應用設計所碩士論文。

【期刊】

王禮謙

1960〈艋舺的金銀紙製造〉《臺北文物》，第 9 卷 第 2、3期，頁 94~95。

隆根

1970〈談喪葬與燒金紙的風俗〉《香港佛教》，第 126 期，頁 17~18。

陳壬癸

1981〈談臺灣民俗－燒金銀紙〉《臺灣文獻》，第 32 卷第 1期，頁 158~162。

徐福全

1989〈臺灣的婚喪禮俗〉《國文天地》，第 5 卷 第 11 期，頁 71~77。

侯錦郎著、許麗玲摘譯

1991〈從考古、歷史及文學看祭祀用紙錢的源流遞變〉《民俗曲藝》，第 72 期，頁 14~46。

1993〈臺灣常見的祭祀用紙錢〉《民俗曲藝》，第 81 期，頁 11~41。

盧錦堂

1992〈灶王傳說與灶王紙馬〉《國立中央圖書館館刊新》，第 25 卷第 1 期，頁 159~170。

古原

1994〈風吹曠野紙錢飛清明掃墓習俗的沿革〉《歷史月刊》，第 75 期，頁 132~133。

卞鳳奎 紀錄

1995〈臺北香燭金紙業座談會記錄〉《臺北文獻》，第 112 期，頁 1~8。

1995〈臺北香燭金紙業個別訪問錄〉《臺北文獻》，第 112 期，頁 9~13。

陳大川

1995〈談臺灣竹製冥紙〉《長春棉紙基金會雜誌》，第 1 期，頁 20~23。

1995〈臺灣光復前的用紙與造紙〉《漿紙技術》，第 1 卷第 1 期，頁 1~6。

陳啟新

1995〈冥紙史話〉《紙與漿》，第 178 期，頁 31~38。

長春棉紙基金會編輯部

　　1997〈「風吹曠野紙錢飛…」-臺灣金銀紙從製造到燃燒〉《長
　　　　春棉紙基金會雜誌》，1997.01，頁 18~22。

蕭登福

　　1997〈從道佛兩教「受生經」看民間紙錢寄庫思想〉《宗教
　　　　哲學》，第 3 卷第 1 期，頁 93~110。

金真

　　1998〈金銀紙〉《臺北博物》，第 17 卷 第 2 期，頁 52~53。

楊永智

　　1998〈一步一版印‧道畫古早情〉《歷史文物》，第 8 卷第
　　　　2 期，頁 52~58。

　　1999〈臺南王源順紙行滄桑史〉《大墩文化》，第 11 期，
　　　　頁 9~15。

林耀堂

　　2000〈金紙、銀紙常民美術對現代版畫的影響〉《傳統藝術》，
　　　　第 10 卷，頁 27~29。

陳迪華

　　2002〈紙錢〉《泉南文化》，第 5 期，頁 28~54。

黃倩佩

　　2003〈館藏紙馬探究〉《國立歷史博物館》，頁 71~98。

施晶琳

　　2005〈臺南漢人之信仰象徵媒介物─紙錢〉《民俗曲藝》，

第 149 期，頁 175~225。

2005〈臺南市興泉府祭改法事之研究〉《臺灣文化研究所學報》，第 2 期，頁 229~273。

【網路資料】

八路武財神 金紙種類 2002 年 1 月 3 日，取自
http://www.balu.com.tw/

附 錄

附錄一

金銀紙店田調紀錄表

店名	米街金香紙店	住址	臺南市新美街 180 號	電話	06-2112260
創立時間	推估約西元 1917 年以前				
家族傳承	（一）本店由蔡茂先生於日治時代時創立，之後曾經因為日人皇民化運動以及第二次世界大戰的影響而歇業一陣子。 （二）而後由蔡茂先生的女兒黃蔡治女士（生於 1917 年）繼續掌管營運，之後傳予其子黃文賢先生經營。 （三）在 1980 年時，黃文賢先生之兄黃烈堂先生，於臺南成功路經營錦利號金香紙店。 （四）目前米金銀紙店由黃文賢先生及其子黃勤強先生共同經營。				
經營者之籍貫	蔡茂	臺南市人			
	黃蔡治	臺南市人			
	黃文賢	臺南市人			
	黃勤強	臺南市人			
營運旺季	農曆正月、六月、七月、十二月				
營運淡季	農曆四月、五月、九月				
金銀紙錢產品的來源	1.本店在民國 70 年以前在臺南縣設有工廠，當時製作金銀紙錢的紙漿來源有竹山、梅山、竹崎、古坑、龍崎等地的紙漿廠。 2.民國 70 年之後，因製紙場廢水問題、工資增加因素使成本增加，所以開始將金銀紙加工廠外移至國外。 3.本店成立「中禾貿易公司」自越南、印尼、泰國、中國設廠進口金銀紙錢。 4.新式金銀紙錢的部分，由其他廠商前來店內兜售，本店推測消費者的喜好以及接受度選擇商品進貨。				
固定合作之廟宇或團體	1.因為本店為臺南市金銀紙錢的大批發商，供應臺南縣市大約 300 多家金銀紙店。 2.本店供應之金銀紙錢，經由本店或是其他批發零售商供應臺南市之大部分之廟宇。				
調查人	施晶琳		調查時間	2003.12.2	

附錄二

金銀紙文物登錄資料表

總號：031202004	分類號：T-010		登錄號：M-004	
使用族群	☑ 閩南	☑ 客家	☑ 外省籍	
名稱	天金			
採集地點	米街金香紙店	價格	依每支大小而不同	
使用地點		使用年代	日治時代前已使用	
材質	竹仔紙	顏色	淡黃色	
外尺寸	長 __16.5__ 公分	寬 __10.5__ 公分		
圖案尺寸	長 __12.8__ 公分	寬 __9.4__ 公分		
錫箔尺寸 （以第一張測量）	☐ 無錫箔 ☑ 長 __6__ 公分，寬 __4__ 公分			
來源地：米街金香紙店 提供者：黃文賢 電話：06-2112260				
祭祀對象	☑ 神明　　　　　五斗星君 　好兄弟 　祖先 　其他			
主要功能	在民間祭祀活動中，用以敬獻給五斗星君（其實內含六位斗君：南斗、北斗、東斗、西斗、中斗、斗母），通常會與「尺金」一起使用燒化。			
特徵描述	1.每份天金的面仔紙（第一張）上都印有「天金」兩字，同時印有「書卷」狀的圖形、類似錦緞紋飾的線條。 2.本樣本之側面印有「正庄錫箔」字樣，據受訪談者表示，乃是指此份天金之錫箔乃是使用真正的上好錫箔，而非鋁箔或塑膠箔。			

樣本照片	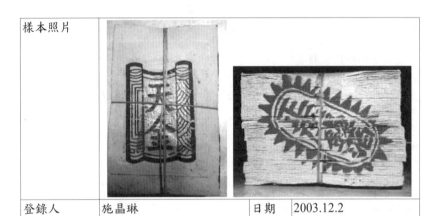		
登錄人	施晶琳	日期	2003.12.2

附錄三

金銀紙店商品總類

店　家：新萬芳
調查時間：2004.7.23

1. ☑天公金 （ ☑大太極　☑二極　☑小太極　）＿＿＿＿＿＿

2. ☑壽金（中金）（□大花 □二花）　（ ☑錫箔　☑鋁箔　☑塑膠箔／金屬色料箔）

3. ☑天金　☑尺金

4. ☑刈金　☒粉金〈高雄地區使用，以鋁箔輾成粉狀再用黏劑貼在紙錢上代替紙錢〉

5. ☑九金 （☑大箔金 ☑小箔金）

6. ☑天庫 ☑地庫 ☑水庫 ☑天錢 ☑地錢 ☑水錢

7. ☑庫錢 （□往生用的庫錢 ☒公庫錢 ☒私庫錢 ）

6. ☑高錢 （☑黃高錢 ☑五彩高錢 ☒雙色高錢 ）＿＿＿＿＿

7. ☑銀紙 （☑大箔銀 ☑小箔銀）

8. ☑蓮花金 ☑蓮花銀

9. ☑經衣 ☑白錢

10. ☑壽生錢　☑大悲咒

11. ☑往生錢　☑往生佛神法僧寶咒

佛道混和產品

12. ☑關煞紙錢 　（□買命錢 □本命錢 □天狗錢 □白虎錢 □
太歲錢 ）
　　外方紙應該有 108 種，配合 36 天罡 、72 地煞，本店供應有
30 多種左右

13. ☑花腳錢 ☑花腳庫 ☑鳥母衣

14. ☑白錢 　☑金錢 ☑金古

15. ☑新型金紙 　（☑文昌金 ☑土地公金 ☑五路財神金 ☑八路
財神金 ☑ 太歲金 ）＿＿＿＿＿＿＿＿＿＿＿＿＿

16. ☑冥用臺幣 ☑冥用美鈔 ☑金元寶 ☑銀元寶 ☒金銀錢幣

17. ☒環保金銀紙

附錄四

田野訪談紀錄表

訪談時間	訪談對象	地點	訪談主題
2003.3.12. PM3:00-4:00	林俊輝道長	臨水夫人廟	訪談臺南使用紙錢之習慣及法事使用之紙錢種類
2003.3.29	林俊輝道長	臨水夫人廟	觀察「祭改、斬桃花」法事使用之紙錢種類與用途
2003.5.17	林俊輝道長	臨水夫人廟	觀察「祭改、抽刀箭」法事使用之紙錢種類與用途
2003.5.23 AM10:00-PM5:00	林俊輝道長	臨水夫人廟	觀察「祭改、制化病符」法事使用之紙錢種類與用途
2003.5.24 AM10:00-12:30	林俊輝道長	臨水夫人廟	觀察「祭改、求子、梗花叢、栽花換斗」法事使用之紙錢種類與用途
2003.5.24 PM1:00-6:00	林俊輝道長	臨水夫人廟	觀察「祭改、求姻緣」法事使用之紙錢種類與用途
2003.8.18 PM1:00-5:00	林俊輝道長	興泉府	觀察「普渡」法事使用之紙錢種類與用途
2003.8.12	李先生 （大埔境福德祠主委）	大埔福德祠	觀察「普度」法事使用之紙錢種類與用途
2003.8.12	林俊輝道長	臨水夫人廟	觀察「普度」法事使用之紙錢種類與用途
2003.8.12	林俊輝道長	府城隍	觀察「普度」法事使用之紙錢種類與用途
2003.8.12	王太太	佛頭港景福祠	觀察「普度」法事

			使用之紙錢種類與用途
2003.8.21	沈琮勝先生	大天后宮	觀察「普度」法事使用之紙錢種類與用途
2003.8.21		保西宮	觀察「普度」法事使用之紙錢種類與用途
2003.8.21		開山宮	觀察「普度」法事使用之紙錢種類與用途
2003.8.23		天壇	觀察「普度」法事使用之紙錢種類與用途
2003.8.25 PM1:00-6:00	林俊輝道長	東嶽殿	觀察「普度」法事使用之紙錢種類與用途
2003.9.9（二） PM 2:00-3:00	謝詠婕 小姐 （鎮聲堂老闆娘）	鎮聲堂 （臺北市康定路）	訪問店內金銀紙錢產品以及商品之種類與特色、臺北地區使用金銀紙錢之習慣
2003.11.20 PM 7:30-8:00	楊清和 先生 （臺南市禮儀用商業同業工會理事長）	永全金紙行 （臺南市安和路五段18號）	電訪臺南市金銀紙店現況以及索取會員名冊
2003.11.26（三） PM2:00-5:30	黃文賢 先生 （米街金香店老闆） 黃陳瑩 小姐 （米街金香店老闆娘）	米街金香店 （臺南市新美街180號）	訪談商店史、店內金銀紙錢產品以及商品之種類與特色
2003.12.3（三） PM2:00-4:30	黃文賢 先生 （米街金香店老闆）	米街金香店 （臺南市新美街180號）	金銀紙錢拍攝以及資料登錄
2004.3.31 PM3:00-3:20	盧怡真 小姐 （臺南市禮儀用商業同業工會秘書）	臺南市禮儀用商業同業工會 （臺南市國華街4段45號）	電話聯絡拜訪時間、詢問相關資料

2004.4.14 PM3:00-4:20	楊正瑞 先生 （榮元行老闆） 許瑞容小姐 （榮元行老闆娘）	榮元行 （臺南市新美街 157號）	訪談商店史、店內 紙錢產品以及商 品之種類與特色
2004.4.15 AM9:30-10:30	王長春 先生 （王泉盈紙莊老闆、臺 南市天后里里長）	王泉盈紙莊 （臺南市新美街 198號）	訪談商店史、紙錢 使用習慣及新美 街印刷紙業發展
2004.4.15 PM5:00-6:00	林桂桐 先生 （臺南市徐甲派法師）	玉皇宮	訪談臺南地區法 師使用紙錢之習 慣
2004.4.16 PM2:00-5:00	林桂桐 先生 （臺南市徐甲派法師）	玉皇宮	觀察「祭改補運」 法事使用之紙錢 種類與用途
2004.4.16 PM5:40-7:00	林桂桐 先生 （徐甲派法師） 蘇太太 （臨水宮乩童）	臨水宮	觀察「祭流蝦」法 事使用之紙錢種 類與用途
2004.4.17 AM8:00-10:30	黃烈堂 先生 （錦利號老闆） 陳麗月小姐 （錦利號老闆娘）	錦利號	訪談商店史、紙錢 使用習慣及採訪 金紙製造過程
2004.4.20 PM4:00-5:30	吳瑞齡 小姐 （永蘭馨老闆娘））	永蘭馨製香舖 （臺南市國華街 四段45號）	訪談商店史、紙錢 使用習慣、價格及 採訪往生錢蓮花 座製造過程
2004.4.21 PM1:30-3:00	張先生	開基玉皇宮	訪談寺廟紙錢的 供應商、供應種 類、價格及使用習 慣。
2004.6.14 PM 3:30-5:00	顏太太 （雙銘行老闆娘）	雙銘行 （臺南市府連路 206號）	訪談商店史、紙錢 使用習慣及採訪 庫錢製造過程
2004.7.14 PM 4:30-5:00	高增雄 先生 （新和發號老闆）	新和發號 （臺南市民權路 一段106號）	訪談臺南市「入 厝」時，所用的紙 錢、使用習慣

2004.7.21	陳先生	臺南市灣裡林府千歲	觀察拜天公所用的紙錢
2004.7.23 PM 3:30-5:00	郭清芳 先生 （新萬芳老闆）	新萬芳 （臺南市民權路一段99號）	訪談商店史、紙錢使用習慣及採訪金紙製造過程

附錄五

臺南市金銀紙店家名冊

編號	行號	負責人	住　　址	電話
1	米街金香紙店	黃文賢	臺南市新美街 180 號	2112260
2	新萬芳實業有限公司	郭清芳	臺南市民權路一段 97 號	2225312
3	和興金香舖	吳進治	臺南市民族路三段 185 號	2207706
4	雙明行	顏明仁	臺南市青年路 132 巷 37 號	2229104
5	中健慧豐銀庄股份有限公司	楊明豐	臺南市崇德路 1057 號	2688111
6	協利號	曾景雍	臺南市中山路 82 巷 14 號	2254578
7	錦利號	黃烈堂	臺南市成功路 374 號	2273627
8	春福堂銀紙店	蘇碧源	臺南市開元路 116 號	2377615
9	金香金銀紙店	薛尊仁	臺南市北園街 84 號	2355347
10	全益金香舖	王基全	臺南市大成路二段 56 巷 23 號	2616692
11	楊順成	楊順成	臺南市海安路 443 號	2254243
12	金華行	郭麗馨	臺南市金華路二段 382 號	2275913
13	萬利金紙行	郭孫玉梅	臺南市聖安街 16 號	2520097
14	成福紙行	郭國才	臺南市一安路一段 86 號	3551847
15	義成金紙行	吳慶義	臺南市安中路一段 189 巷 30.號	2564332
16	錦香金香舖	陳秋郎	臺南市國安街 160 號	2587461
17	永蘭馨金香舖	盧慶盈	臺南市國華街 4 段 45 號	2206263
18	昭玄堂金香舖	王琯璘	臺南市新美街 138 號	2204334
19	榮元行	楊正端	臺南市新美街 157 號	2225988
20	金順源金香舖	孫翁月圓	臺南市和瑋路四段 95 巷 16 號	2594314
21	臣億金香舖	莊端明	臺南市北安路一段 17 號	2816891
22	茂益行	郭建良	臺南市安富街 207 號	2591771
23	協益行	劉紹鑫	臺南市自強街 7 號	2240450
24	成益金香舖	王丁福	臺南市崇安街 124 號	2277972
25	慶豐金香舖	高阿惠	臺南市公園路 900 巷 11 號	2518389
26	全億金香舖	蔡涂琇枝	臺南市建南路 186 號	2645798
27	金永麗金紙行	周東雄	臺南市安和路一段 159 巷 12 號	2562608
28	永全銀紙店	楊清河	臺南市安和路五段 18 號	3559899

29	宏元銀紙店	徐璇	臺南市海佃路一段 175 號	2583265
30	進益金香舖	黃淑霞	臺南市府安路六段 103 巷 159 號	2582035
31	永有利金香舖	施中明	臺南市大武街 308 號	2512717
32	正馨堂金香舖	王耀金	臺南市安中路四段 290 巷 254 號	2464146
32	崇利金香舖	許進興	臺南市大智街 120 號	2224507
33	華中行金香舖	孫宜華	臺南市文賢路 1122 巷 64 弄 20 號	2589993
34	全勝金香舖	郭美英	臺南市文賢路 520 巷 33 號	2595602
35	協力金紙店	李虔彰	臺南市安和路四段 533 巷 105 弄 26 之 2 號	2560798
36	聯發香金香店	洪金義	臺南市國民路 270 巷 4-2 號	2653741
37	勝利金香舖	鄭勝惠	臺南市安中路四段 290 巷 353 號	2461026
38	正香堂金香舖	葉秀梅	臺南市國安街 155 巷 25 號	2504709
39	陳佑財金香舖	陳銘輝	臺南市民權路三段 184 號	2268437
40	大發金香舖	劉文清	臺南市保安路 60 號	2114163
41	神岡金紙店	何加川	臺南市海安路 455 巷 21 號	2224515
42	國馨香舖	潘蔡和玉	臺南市裕民街 63 號	2258363
43	合成金香舖	陳于	臺南市金華路一段 170 號	2610106
44	新芳金香舖	高清海	臺南市建安街 77 號	2271113
45	藝晟金香舖	吳建志	臺南市中華南路一段 186 巷 30 弄 2 號	2605739
46	原利金香舖	黃瑞昌	臺南市安和路四段 511 號	3557792
47	旺晟金香舖	薛秀珠	臺南市同安路 140 號	2463024
48	雙銘行	顏明傑	臺南市府連路 204 巷 3 弄 4 號	2137413
49	淵發金香舖	林松江	臺南市西河路 294 號	2598008
50	安印金紙店	盧仁傑	臺南市小東路 313 號	2371794

資料來源：

1. 臺南市禮儀用品商業同業公會編《第十四屆第一次會員大會手冊》頁 29-34，2001。

2. 依據會員名冊中之紀錄共有 84 家禮儀用品店家，上表乃以據其營業內容，列出其中有販賣金銀紙錢的店家製表。

錢穆先生著作選輯 25K

一、中國學術思想史小叢書

書　　　　名	ISBN	出版年月	頁數	定價
中國學術思想史論叢（一）	957-0422-01-7	89.11	273	220
中國學術思想史論叢（二）	957-0422-02-5	89.11	525	370
中國學術思想史論叢（三）	957-0422-03-3	89.11	367	300
中國學術思想史論叢（四）	957-0422-04-1	89.11	399	320
中國學術思想史論叢（五）	957-0422-05-X	89.11	360	290
中國學術思想史論叢（六）	957-0422-06-8	89.11	255	210
中國學術思想史論叢（七）	957-0422-07-6	89.11	422	340
中國學術思想史論叢（八）	957-0422-08-4	89.11	525	370
中國學術思想史論叢（九）	957-0422-09-2	89.11	256	210
中國學術思想史論叢（十）	957-0422-10-6	89.11	261	220
中國學術思想史小叢書（套）	957-0422-00-9	89.11	10 本	2,850

二、孔學小叢書

論語新解	957-0422-13-0	89.11	589	420
孔子與論語	957-0422-14-9	89.11	386	310
孔子傳	957-0422-15-7	89.11	212	200
四書釋義	957-0422-16-5	89.11	365	300
孔學小叢書（套）	957-0422-12-2	89.11	4 本	1,230

三、中國學術小叢書

學術思想遺稿	957-0422-23-8	89.12	231	190
經學大要	957-0422-20-3	89.12	626	630
學籥	957-0422-21-1	89.12	223	180
國學概論	957-0422-18-1	89.12	333	270
中國學術通義	957-0422-19-X	89.12	338	270
現代中國學術論衡	957-0422-22-X	89.12	297	240
中國學術小叢書（套）	957-0422-17-3	89.12	6 本	1,780

四、中國史學小叢書

書名	ISBN	出版年月	頁數	定價
中國歷代政治得失	957-0422-27-0	90.02	182	110
中國文化史導論	957-9154-36-8	90.02	249	170
中國史學名著	957-0422-25-4	90.02	362	250
政學私言	957-9154-35-X	90.02	262	180
中國歷史精神	957-0422-24-6	90.02	208	150
中國史學發微	957-0422-29-7	90.02	304	210
中國歷史研究法	957-0422-28-9	90.02	207	150
國史新論	957-0422-26-2	90.02	336	240
中國史學小叢書（套）	957-9154-64-3	90.02	8本	1,460

五、中國思想史小叢書　甲編

書名	ISBN	出版年月	頁數	定價
中國思想史	957-9154-37-6	90.02	233	190
宋明理學概述	957-9154-39-2	90.02	324	260
朱子學提綱	957-0422-31-9	90.02	213	200
陽明學述要	957-9154-38-4	90.02	116	110
中國思想通俗講話	957-0422-30-0	90.02	126	120
中國思想史小叢書　甲編(套)	957-9154-62-7	90.02	5本	880

六、中國思想史小叢書　乙編

書名	ISBN	出版年月	頁數	定價
靈魂與心	957-9154-44-9	90.04	192	160
雙溪獨語	957-9154-45-7	90.04	431	360
人生十論	957-0422-32-7	90.04	238	200
湖上閒思錄	957-0422-33-5	90.04	153	150
晚學盲言（上）	957-0422-34-3	90.04	709	530
晚學盲言（下）	957-0422-35-1	90.04	650	460
中國思想史小叢書　乙編(套)	957-9154-63-5	90.04	6本	1,860

七、中國文化小叢書

書　　名	ISBN	出版年月	頁數	定價
中國文化精神	957-9154-48-1	90.05	237	200
文化與教育	957-0422-38-6	90.05	363	300
歷史與文化論叢	957-0422-40-8	90.05	421	350
世界局勢與中國文化	957-0422-41-6	90.05	385	300
中國文化叢談	957-0422-39-4	90.05	409	320
中國文學論叢	957-0422-42-4	90.05	310	250
文化學大義	957-9154-47-3	90.05	206	170
民族與文化	957-0422-36-X	90.05	172	170
中華文化十二講	957-0422-37-8	90.05	172	170
從中國歷史來看中國民族性及中國文化	957-9154-46-5	90.05	144	160
中國文化小叢書（套）	957-9154-61-9	90.05	10 本	2,390

書　　名	ISBN	出版年月	頁數	定價
八十憶雙親・師友雜憶合刊本	957-0422-11-4	89.07	428	290

※ 出版時間均以民國紀年

※ 定價均以新臺幣為單位

蘭臺文物考古論叢 18K

書　名	作　者	ISBN	出版年月	頁數	定價
初學錄	李均明	957-9154-22-8	88.12	413	1,800
胡平生簡牘文物論集	胡平生	957-9154-21-X	89.03	394	1,800
醫簡論集	張壽仁	957-9154-25-2	89.08	221	1,100
雙玉蘭堂文集（上）	何雙全	957-9154-33-3	90.01	448	1,800
雙玉蘭堂文集（下）	何雙全	957-9154-34-1	90.01	431	1,800
古俗新研	汪寧生	957-9154-41-4	90.03	412	680
秦史探索（精裝）	何清谷	957-9154-96-1	93.07	400	800
著乎竹帛- 中國古代思想與學派	邢　文	986-7626-20-6	94.06	420	450

臺灣人行腳系列 25K

書名	作者	ISBN	出版年月	頁數	定價
從古蹟發現歷史	卓克華	986-7626-15-X	93.08	428	420

文史專著

書　名	作　者	ISBN	出版年月	開數	頁數	定價
簡牘學要義 (精)	馬先醒			16	250	900
簡牘論集 (精)	馬先醒			25	240	600
漢史文獻類目 (精)	馬先醒			16	368	900
中國古代城市論集 (精)	馬先醒			16	290	600
漢簡與漢代城市 (精)	馬先醒			25	399	600
居延漢簡新編 上(精)	馬先醒			16	445	1,800
天才王國維及其他	馬先醒	957-9154-50-3	90.05	25	374	320
歷史人物與文物	馬先醒			18		350
李斯相秦之研究	陳守亭	957-9154-00-7	83.09	25	274	300
《大德南海志》大典輯本	邱炫煜	957-9154-22-8	88.12	25	163	250
明帝國與南海諸蕃國關係的演變	邱炫煜	957-9154-06-6	84.08	25	404	350
中國中古史探研	邱炫煜	986-7626-04-4	92.09	25	170	280
嚴復評傳	郭良玉	957-9154-19-8	87.07	25	276	250

書　　名	作　者	ISBN	出版年月	開數	頁數	定價
清代臺灣宦遊文學研究	謝崇耀	957-9154-68-6	91.03	25	479	440
從僑教的歷史發展看「僑生大學先修班」當前的處境與發展之道	成秋華	957-9154-75-9	90.09	16	157	350
文字優化論	郭致平	957-9154-98-8	92.05	16	611	720
中國上古史論文集第二本	王仲孚	986-7626-17-6	93.12	25	398	420
浯嶼水寨—一個明代閩海水師重鎮的觀察	何孟興	986-7626-19-2	95.03	25	320	320
序言小集	王仲孚	978-986-7626-48-6	95.10	25	188	200
探討東南亞僑生的政治文化	成秋華	978-986-7626-47-9	96.03	25	240	300

藝術鑑定

書　　名	作　者	ISBN	出版年月	開數	頁數	定價
國寶沉浮錄	楊仁愷	7-80649-009-4	88.07	16	392	2,000
中國書畫鑑定學稿	楊仁愷	957-9154-76-7	91.01	菊8	438	1,200
王仲孚書法文字畫畫冊	王仲孚	957-9154-81-3	91.08	菊8	108	900

哲學思想　25K

書　　名	作　者	ISBN	出版年月	頁數	定價
我的治學心路歷程	林繼平	957-9154-26-0	89.07	290	320
宋學探微（上）	林繼平	957-9154-52-X	91.03	440	460
宋學探微（下）	林繼平	957-9154-53-8	91.03	402	420
王學探微十講	林繼平	957-9154-54-6	90.07	270	320
禪學探微十講	林繼平	957-9154-82-1	91.07	250	280

天文物理學思想　16K

書　　名	譯　者	ISBN	出版年月	頁數	定價
物理學宇宙（上）	李太楓‧鄭興武	957-7030-97-1	90.09	460	560
物理學宇宙（下）	蕭耐圓‧黃崇源	957-7030-98-x	90.09	490	520

蘭臺文化館

書　　　名	作　者	ISBN	出版年月	開數	頁數	定價
中國傳統孝道的歷史考察	朱　嵐	957-9154-95-3	92.06	18	355	680
商周時期的祖先崇拜	秦照芬	957-9154-94-5	92.03	25	238	300
中國古先智慧今詮	王爾敏	986-7626-06-0	92.09	25	264	280
揄揚京戲有理	王爾敏	986-7626-23-0	94.06	25	190	200
中華文化基因	毛文熊	986-7626-27-3	94.12	25	200	220
女人經（外三種）	明文皇后等		95.09	25	450	800
清俗紀聞	日人中川子信		95.05	16	600	900
東京夢華錄（外四種）	孟元老等著		95.09	25	526	780

蘭臺大眾館　25K

書　　　名	作　者	ISBN	出版年月	頁數	定價
代書 DIY	周力生	957-9154-4-22	90.03	209	200
勸忍百箴今釋今註	木魚居士　註	957-9154-40-6	90.03	187	200
杜鵑含苞早放花	吳自甦	957-9154-49-x	90.06	330	270
戀戀鄉情	何元亨	957-9154-43-0	90.03	118	150
酷兒工作族	賴芳真	957-9154-77-5	91.02	261	250
毛澤東的謀略	蘇純修	957-9154-78-3	91.04	257	220

臺灣文獻叢書

書　　　名	作　者	ISBN	出版年月	開數	頁數	定價
台大藏岸裡大社文書校注	林春成	978-986-82696-0-6	95.09	18	570	780

臺灣故事叢書

書　　　名	作　者	ISBN	出版年月	開數	頁數	定價
台灣燈塔的故事	葉倫會	978-986-7626-36-3	95.10	25	136	200
台北城的故事	葉倫會	978-986-7626-34-9	95.10	25	136	200

旅遊系列

書　　　名	作　者	ISBN	出版年月	開數	頁數	定價
天府成都	少　君	978-986-7626-38-7	95.11	25	312	300

健康系列

替人體伸冤	阿丹師口述 曹廣明編訂	978-986-7626-43-1	95.12	25	258	200

臺灣宗教研究叢書　出版中 25K

書　名	作　者	ISBN	出版年月	頁數	定價
臺灣民間地基主信仰與習俗	周政賢				350
臺灣釋教喪葬法事及儀式戲劇	楊士賢				350
臺灣民間信仰中之五營兵將	許宇承				350
臺灣民宅的辟邪物	陳桂蘭				350
地獄司法神與指南書	陳瑤蒨	978-986-7626-42-4	96.05	266	350
臺灣金銀紙錢的民俗文化	施晶琳	978-986-7626-39-4	96.05	238	350
花蓮地區客家信仰的轉變	邱秀英	978-986-7626-44-8	95.12	158	300

學報期刊類

國際簡牘學會刊　16K　國際簡牘學會會刊編委會 編

刊　　　名	ISBN	出版年月	頁數	定價
國際簡牘學會會刊　第一號			280	900
國際簡牘學會會刊　第二號	957-9154-10-4	85.08	530	900
國際簡牘學會會刊　第三號	957-9154-66-x	90.07	678	2,500
國際簡牘學會會刊　第四號	957-9154-80-5	91.05	404	1,500

簡牘學報　16K　簡牘學報編委會 編

刊　　　名	ISBN	出版年月	頁數	定價
簡牘學報　第一卷 （一、二、三期合訂本）			324	1,500
簡牘學報　第二卷 （四、六期合訂本）			314	1,500
簡牘學報　第三卷 （第五期，勞貞一先生七秩榮慶論文集）			496	1,800
簡牘學報　第四卷 （第七期）			464	1,500
簡牘學報　第五卷 （第八期，張曉峰先生八秩榮慶論文集）			652	1,800
簡牘學報　第六卷 （第九期，居延漢簡出土五十年專號）			445	1,800
簡牘學報　第七卷 （第十期）			270	1,800
簡牘學報　第十一期			317	1,500
簡牘學報　第十二期 （黎東方先生八秩榮慶論文集）			412	1,800
簡牘學報　第十三期			437	1,500
簡牘學報　第十四期			380	1,800
簡牘學報　第十五期			390	1,500

刊　　　　名	ISBN	出版年月	頁數	定價
簡牘學報　第十六期　　　（精） （勞貞一先生九秩榮慶論文集）	957-9154-14-7	86.01	616	2,500
簡牘學報　第十六期　　　（平） （勞貞一先生九秩榮慶論文集）	957-9154-15-5	86.01	616	2,300
簡牘學報　第十七期				1,800
簡牘學報　第十八期				1,800
簡牘學報　第十九期				2,000

中國上古史研究期刊 16K 中國上古史研究專刊編委會 編

刊　　　　名	ISBN	出版年月	頁數	定價
中國上古史研究專刊　創刊號	957-9154-51-1	90.01	163	680
中國上古史研究專刊　第二號	957-9154-85-6	91.06	214	680
中國上古史研究專刊　第三號	986-7626-02-8	92.08	230	680

中國中古史研究期刊 16K 　中國中古史研究編委會 編

刊　　　　名	ISBN	出版年月	頁數	定價
中國中古史研究　創刊號	957-9154-83-X	91.09	279	680
中國中古史研究　第二期	957-9154-97-X	92.04	276	680
中國中古史研究　第三期	986-7626-05-2	93.04	306	680
中國中古史研究　第四、五期合刊	978-986-7626-28-8	94.12	360	800
中國中古史研究　第六期	978-986-7626-45-5	95.12	240	800

宋史研究叢刊 25K 　　　　　　宋史座談會 編

刊　　　　名	ISBN	出版年月	頁數	定價
宋史研究集　第三十一輯	957-9154-79-1	91.06	586	680
宋史研究集　第三十二輯	957-9154-84-8	91.10	576	680
宋史研究集　第三十三輯	986-7626-01-X	92.08	614	780
宋史研究集　第三十四輯	986-7626-14-1	93.07	538	680
宋史研究集　第三十五輯	986-7626-22-2	94.07	616	680

臺灣宗教研究期刊 25K　　　　　　　　　　　李世偉 等 編

刊　　　　　名	ISBN	出版年月	頁數	定價
臺灣宗教研究通訊　第四期	957-9154-91-0	91.10	338	520
臺灣宗教研究通訊　第五期	957-9154-93-7	92.03	298	520
臺灣宗教研究通訊　第六期	986-7626-07-9	92.09	342	520
臺灣宗教研究通訊　第七期	986-7626-25-7	94.07	368	380
臺灣宗教研究通訊　第八期	978-986-7626-49-3	96.06	238	520

史學彙刊 16K　　　　　　　　　史學彙刊編輯委員會 編

刊　　　　　名	ISBN	出版年月	頁數	定價
史學彙刊　第十八期	957-9154-99-6	92.04	298	680
史學彙刊　第十九期（精裝）	957-9154-99-7	93.05	278	680
史學彙刊　第二十期（平裝）	978-986-7626-29-5	94.12	212	800

國家圖書館出版品預行編目資料

臺灣的金銀紙錢：以臺南市為考察中心／施晶琳作.
-- 初版. -- 臺北市：蘭臺, 2006[民95]
面；　公分. -- （臺灣鄉土與宗教研究叢刊；第1輯）
參考書目：面

ISBN 978-986-7626-39-4（平裝）

1. 紙錢 2. 民間信仰 - 臺南市

271.9　　　　　　　　　　　　　　　　95022372

B006
臺灣鄉土與宗教叢刊　第一輯

臺灣的金銀紙錢
——以臺南市為考察中心

總　編　輯：李世偉、郝冠儒
作　　　者：施晶琳
出　版　者：蘭臺出版社
地　　　址：台北市中正區開封街一段20號4樓
電　　　話：(02)2331-1675　傳真：(02)2382-6225
編　　　輯：張加君
美　　　編：赤邑生
總　經　銷：蘭臺網路出版商務股份有限公司　劃撥帳號：18995335
網 路 書 店：http://www.5w.com.tw　E-Mail：lt5w.lu@msa.hinet.net
網 路 書 店：博客來網路書店　http://www.books.com.tw
網 路 書 店：華文網、新絲路
香港總代理：香港聯合零售有限公司
地　　　址：香港新界大蒲汀麗路36號中華商務印刷大樓
　　　　　　C&C　Building, 36, Ting　Lai　Road, Tai Po,New Territories
電　　　話：(852)2150-2100　　傳真：(852)2356-0735
出 版 日 期：2008年3月初版
定　　　價：新臺幣350元整

ISBN 978-986-7626-39-4